汽车底盘构造与维修

主　编　达洪勇　谭应全

副主编　吴　磊　唐清科　刘　元

参　编　李亚军　徐星星　唐　伟　员晓龙　林小华
罗　斌　屈光强　王　亮　徐　欣　罗小勇

西南师范大学出版社
国家一级出版社　全国百佳图书出版单位

图书在版编目(CIP)数据

汽车底盘构造与维修 / 达洪勇, 谭应全主编. —重庆 : 西南师范大学出版社, 2021.1
ISBN 978-7-5697-0194-4

Ⅰ. ①汽… Ⅱ. ①达… ②谭… Ⅲ. ①汽车－底盘－结构－中等专业学校－教材②汽车－底盘－车辆修理－中等专业学校－教材 Ⅳ. ①U472.41

中国版本图书馆CIP数据核字(2020)第251487号

汽车底盘构造与维修

QICHE DIPAN GOUZAO YU WEIXIU

主　　编:达洪勇　谭应全

责任编辑: 曾　文
责任校对: 翟腾飞
装帧设计: C◌ 起源
排　　版: 江礼群
出版发行: 西南师范大学出版社
(重庆·北碚　邮编:400715
市场营销部电话:023-68868624)
印　　刷: 重庆紫石东南印务有限公司
幅面尺寸: 185mm×260mm
印　　张: 9.5
字　　数: 240千字
版　　次: 2021年1月 第1版
印　　次: 2021年1月 第1次
书　　号: ISBN 978-7-5697-0194-4

定　　价: 29.00元

尊敬的读者,感谢您使用西师版教材！如对本书有任何建议或要求,请发送邮件至xszjfs@126.com。

前言

QIANYAN

本书参考最新国家汽车维修工职业标准，立足于企业人才需求，本着“实用为主，够用为度”的教育原则，以强化应用培养技能为主要目的，在介绍汽车底盘的结构、拆装、检查、维修中应用多种实例，力求给学生营造一个更加直观的认知环境。

本书是针对中职学校汽车制造与检修专业编写的理论与实践一体化教材，符合工作过程（任务教学）系统化课程的要求，是新职业教育理念下的特色教材。本教材落实了“教、学、做合一”的汽车维修技能人才培养理念，保证了培训技能与企业一线需求的一致性。

本书内容主要包括汽车底盘总体构造、传动系统构造与维修、行驶系统构造与维修、转向系统构造与维修、制动系统构造与维修，共5个项目。本书由重庆市育才职业教育中心达洪勇、谭应全任主编，重庆市育才职业教育中心吴磊、唐清科、刘元任副主编。参编的人员有重庆市育才职业教育中心李亚军、徐星星、唐伟、员晓龙、林小华、罗斌、屈光强、王亮、徐欣、罗小勇。本书由谭应全统稿。

受编者的水平和经验所限，书中难免有不妥或错误之处，敬请读者提出批评和改进意见，以便及时修订。

目　录

项目一　汽车底盘总体构造 ······1

任务　汽车底盘总体结构认知 ······1

项目二　传动系统构造与维修 ······5

任务一　离合器构造与维修 ······5

任务二　离合器踏板自由行程检查与调整 ······9

任务三　离合器分离轴承、压盘及摩擦片更换 ······13

任务四　手动变速器认知 ······23

任务五　手动变速器总成拆装 ······28

项目三　行驶系统构造与维修 ······35

任务一　悬架认知 ······35

任务二　车轮动平衡机的使用 ······48

任务三　轮胎拆装机的使用 ······57

任务四　轮胎的修补 ······63

任务五　车轮定位测量及调整 ······69

项目四　转向系统构造与维修 ······89

任务一　转向系统认知 ······89

任务二　方向盘自由行程检查与调整 ······98

任务三　转向拉杆及球头检查与更换 ······101

任务四　球笼万向节及防尘罩检查与更换 ······105

项目五　制动系统构造与维修 ……111
任务一　制动系统认知 ……111
任务二　驻车制动调节、制动踏板调整和制动助力器检查 ……118
任务三　检查、更换制动摩擦片 ……127
任务四　ABS系统传感器检查与更换 ……136
参考文献 ……144

项目一　汽车底盘总体构造

任务　汽车底盘总体结构认知

【任务目标】

(1)能叙述汽车底盘的基本组成与作用。
(2)能阐述汽车底盘在汽车上的几种布置形式。
(3)能识别汽车底盘各主要总成。

【任务准备】

一、汽车底盘

1.汽车底盘的组成

汽车底盘主要由传动系统、行驶系统、转向系统、制动系统四部分组成。

2.汽车底盘各系统的功用

(1)传动系统。

传动系统的基本功用是将发动机发出的动力按照需要传给驱动车轮。

(2)行驶系统。

行驶系统的基本功用是接受发动机经传动系统传来的转矩,并通过驱动车轮与路面间的附着作用产生路面对汽车的牵引力,以保证汽车正常行驶;传递并支撑路面作用于车轮上的各种反力及其形成的力矩;缓和各种冲击和震动,保证汽车平稳行驶,并且与汽车转向系统很好地配合工作,实现汽车行驶方向的准确控制,以保证汽车操纵的稳定性。

(3)转向系统。

转向系统的功用是改变或者恢复汽车行驶方向。

(4)制动系统。

制动系统的基本功用是使行驶中的汽车减速或者停车,使下坡行驶的汽车速度保持稳定,以及防止已停驶的汽车溜滑。

二、传动系统

1.传动系统的功用

传动系统的首要任务是与发动机协同工作,保证汽车在各种行驶条件下正常行驶所必

需的驱动力与车速，并使汽车具有良好的动力性和燃油经济性。为此，传动系统必须具有以下功能：

(1)实现减速增矩；

(2)实现汽车变速；

(3)实现汽车倒向行驶；

(4)必要时中断传动系统的动力传递；

(5)使两侧驱动轮具有差速作用。

2.传动系统的组成

汽车传动系统一般由离合器、变速器、万向传动装置、主减速器、差速器、半轴等组成。

3.传动系统的布置形式

(1)发动机前置、后轮驱动(FR型)。

这种传动系统在载货汽车中应用广泛，其各轮载荷分配合理，但传动轴较长，既增加了车重，又降低了传动效率。

(2)发动机后置、后轮驱动(RR型)。

某些轻型乘用车或大型客车采用这种布置形式，更容易做到汽车总质量在前后车桥之间的合理分配，但在此种情况下，发动机冷却条件较差，发动机和变速器的操纵结构较为复杂且调整维修不便。

(3)发动机前置、前轮驱动(FF型)。

这种布置形式与发动机后置、后轮驱动的传动系统相比，除具有结构布置紧凑、可降低车身底盘高度、转向稳定等特点外，还具有发动机散热条件好、操作机构布置简单等优点。其不足之处是上坡时汽车重心后移使前面驱动车轮附着力减少，易产生驱动轮打滑，下坡制动时，则由于车辆重心前移，前桥负载加重，高速行驶时易发生翻车事故，目前在乘用车上应用广泛。

(4)发动机中置、后轮驱动(MR型)。

这种布置形式更有利于载荷在前后车桥上的合理分配，其优缺点介于FF型和RR型之间，被赛车普遍采用。

(5)全轮驱动(nWD型)。

这种传动系统的布置形式与单桥驱动相比，前后桥都是驱动桥，其半轴由两段组成，中间用等角速万向节来连接。

三、行驶系统

1.行驶系统的功用

(1)接受传动系统传来的发动机转矩并产生驱动力；

(2)承受汽车的总质量，传递并承受路面作用于车轮上的各向反力及转矩；

(3)缓冲、减速，保证汽车行驶的平顺性；

(4)与转向系统协调配合工作，控制汽车的行驶方向。

2.行驶系统的组成

汽车行驶系统一般由车架、车桥、车轮和悬架等组成。

车架是全车装配与支撑的基础，它将汽车的各相关总成连接成一个整体并与行驶系统共同支撑汽车的质量。车轮分别装在前桥和后桥上，支撑着汽车。为了减少汽车在行驶中受到的各种冲击与震动，车桥与车架之间通过弹性系统悬架进行连接。

四、转向系统

1.转向系统的基本组成

(1)转向操纵机构：主要由转向盘、转向轴、转向管柱等组成。

(2)转向器：将转向盘的转动变为转向摇臂的摆动或齿轮齿条的直线往复运动，并对转向操纵力进行放大。

(3)转向传动机构：将转向器输出的力和运动传给车轮(转向节)，并使左右车轮按一定关系进行偏转。

2.转向系统的分类

汽车转向系统按转向能源的不同分为机械式转向系统和动力式转向系统两大类。

五、制动系统

1.制动系统的基本组成

(1)供能装置：包括供给、调节制动所需的能量以及改善传能介质状态的各种部件。其中产生制动能量的部分称为制动能源。人的机体也可作为制动能源。

(2)控制装置：包括产生制动动作和控制制动效果的各个部件，如制动踏板、制动阀等。

(3)传动装置：包括将制动能量传输到制动器的各个部件，如制动主缸和制动轮缸等。

(4)制动器：产生制动摩擦力矩的部件，如盘式制动器、鼓式制动器等。

2.制动系统的类型

一般车辆都设置有行车制动装置、驻车制动装置两套制动系统。

【任务实施】

汽车底盘总体结构认知工作页
1.车辆型号：______________________________
2.写出该汽车传动系统的布置形式
3.写出该汽车转向系统的类型

【任务反馈】

一、小组自查

组员姓名：　　　　　　　　　　　　　　　　　　　　　　　　在相应选项打“√”

序号	学习目标	能	不能	什么原因
1	能叙述离合器踏板自由行程定义			
2	能对自由行程进行检查			
3	能够完成工作页			

二、教师总体评价

1.对该小组同学们的整体评价。（　　）

A.组内学习气氛很好，组长负责。

B.组长能组织组员按要求完成学习任务，______名组员不能达到学习目标。

C.组内有40%以上的学员不能达到学习目标。

D.组内大部分学员不能达到学习目标。

2.对该组内同学们的单独评价

____

____

三、课后作业

（一）选择题

1.汽车底盘由传动系统、行驶系统、转向系统和（　　）组成。

A.制动系统　　B.冷却系统　　C.润滑系统　　D.散热系统

2.汽车行驶系统一般由车架、车桥、车轮和（　　）等部分组成。

A.半轴　　B.悬架　　C.驱动桥壳　　D.传动轴

3.转向系统主要由转向操纵机构、转向器和（　　）三部分组成。

A.转向传动机构　　B.方向盘　　C.差速器　　D.分动器

（二）判断题

1.在汽车维修车间，为防止你自己受到伤害，无论何时都不要裸露皮肤。（　　）

2.只在限定区域内报废汽油或机油。（　　）

3.如果在危险的情况下未受到伤害，就不必要汇报。（　　）

4.事故的发生是因工作设备未维护好，或工作者粗心。（　　）

5.在下列情况下，应考虑佩戴护目镜：进行金属切削加工、用錾子或冲子铲剔、使用压缩空气、使用清洁剂等。（　　）

项目二　传动系统构造与维修

任务一　离合器构造与维修

【任务目标】

(1)能叙述离合器的结构。

(2)能阐述离合器的工作原理。

(3)能拆装离合器并进行检测。

(4)能判断离合器的常见故障。

【任务准备】

一、离合器的结构

采用手动变速(MT)的车辆,通过操作离合器踏板接通和断开发动机的动力。离合器是发动机与汽车传动系统之间切断和传递动力的部件。离合器的功用是:在汽车行驶过程中,驾驶员可根据需要踩下或松开离合器踏板,使发动机与变速器暂时分离或逐渐结合,以切断或传递发动机向变速器输入的动力,保证变速器换挡平顺;保证汽车平稳起步;防止汽车传动系统过载;确保汽车能在不同使用条件下正常行驶,并具有良好的动力性和燃油经济性。

离合器位于发动机和变速箱之间的飞轮壳内,用螺钉将离合器总成固定在飞轮的后平面上,离合器的输出轴就是变速器的输入轴。

乘用车、轻型客车和轻中型货车离合器多采用膜片弹簧式离合器,其基本结构如图2-1-1所示。离合器主要由主动部分(飞轮、离合器盖等)、从动部分(摩擦片)、压紧机构(膜片弹簧或螺旋弹簧)和操纵机构四部分组成。离合器盖通过螺丝固定在飞轮的后端面上,离合器内的摩擦片在弹簧的作用力下被压盘压紧在飞轮面上,而摩擦片与变速器的输入轴相连,通过飞轮及压盘与从动盘接触面的摩擦作用,将发动机发出的扭矩传递给变速器。

二、离合器的工作原理

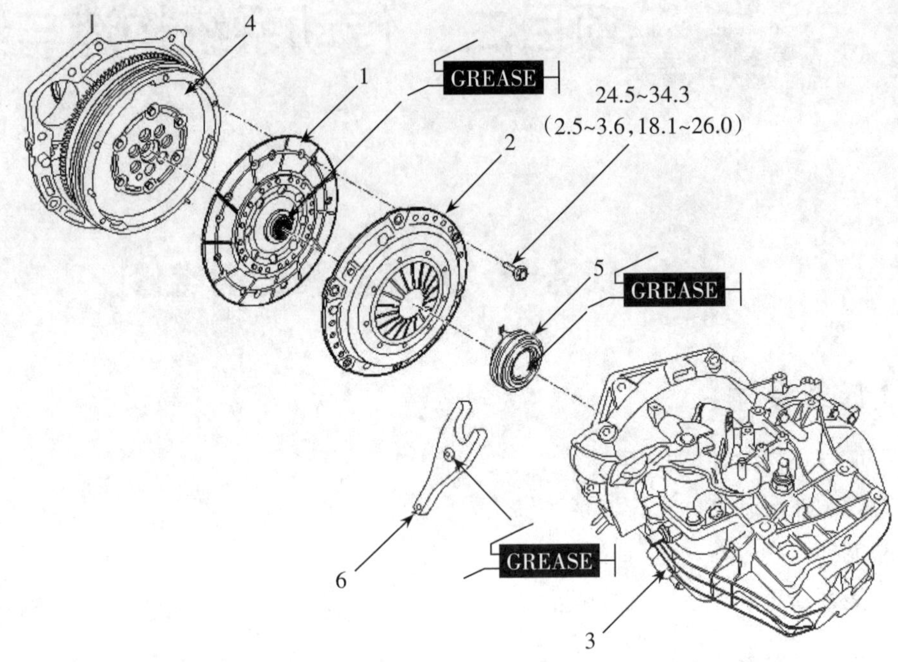

1-离合器片;2-离合器盖;3-手动变速器;4-发动机飞轮;5-离合器分离轴承;6-离合器分离拨叉

图2-1-1 离合器的结构

离合器的工作原理如图2-1-2所示。离合器工作过程分两个部分:一部分通过机械运动传送动力,另一部分利用液压传送动力。

在踩下离合器踏板前,压盘将从动盘紧压在飞轮端面上,发动机动力通过飞轮和压盘传递到变速器输入轴上。

当踩下离合器踏板后,操纵机构将踏板力传递到分离拨叉和分离轴承,分离轴承前移使膜片弹簧内端前移,膜片弹簧外端以支撑圈为支点向后移动,从而带动压盘后移离开摩擦片,中断发动机动力传输。

当松开离合器踏板后,膜片弹簧重新回位,离合器重新结合,发动机动力继续传递。

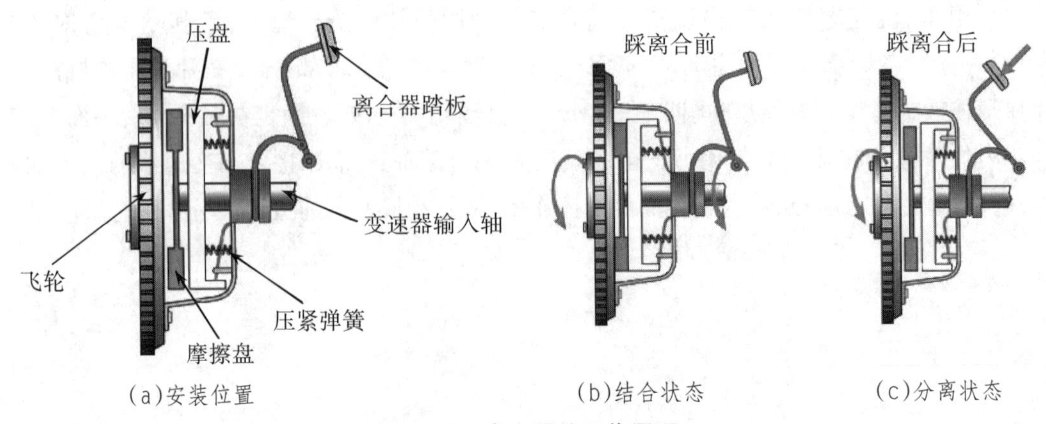

(a)安装位置　(b)结合状态　(c)分离状态

图2-1-2 离合器的工作原理

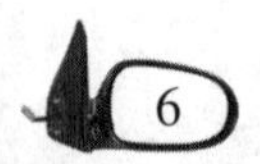

【任务实施】

离合器拆装及常见故障检测工作页
1.离合器的拆装(含详细步骤)
2.离合器常见故障的检测(含详细步骤)

【任务反馈】

一、小组自查

组员姓名：　　　　　　　　　　　　　　　　　　　　在相应选项打"√"

序号	学习目标	能	不能	什么原因
1	能叙述离合器的结构			
2	能阐述离合器的工作原理			
3	能拆装离合器并进行检测			
4	能判断离合器的常见故障			

二、教师总体评价

1.对该小组同学们的整体评价。(　　)

A.组内学习气氛很好,组长负责。

B.组长能组织组员按要求完成学习任务,______名组员不能达到学习目标。

C.组内有40%以上的学员不能达到学习目标。

D.组内大部分学员不能达到学习目标。

2.对该组内同学们的单独评价

____

____

三、课后作业

(一)选择题

1.离合器从动盘安装在(　　)上。

A.发动机曲轴　　B.变速器输入轴　　C.变速器输出轴　　D.变速器中间轴

2.对离合器的主要要求是(　　)。

A.结合柔和,分离彻底　　B.结合柔和,分离柔和

C.结合迅速,分离彻底　　D.结合迅速,分离迅速

3.分离杠杆不平将导致离合器(　　)。

A.分离不彻底　　B.操作费力　　C.结合不完全　　D.散热差

(二)判断题

1.离合器从动部分包括离合器盖。(　　)

2.离合器从动盘磨损后,其踏板自由行程将会变大。(　　)

3.离合器上安装扭转减震器是为了防止曲轴共振。(　　)

4.造成离合器打滑的主要原因是摩擦片过厚。(　　)

5.在正常情况下,发动机工作,离合器踏板处于自由状态时发动机的动力不传给变速器。(　　)

任务二　离合器踏板自由行程检查与调整

【任务目标】

(1)能够叙述离合器踏板自由行程的概念。

(2)能够正确、规范、熟练地进行自由行程的调整。

【任务准备】

一、离合器踏板自由行程

离合器踏板自由行程，是指当离合器处于正常结合状态，分离套筒被复位弹簧拉到后极限位置时，分离轴承和分离杠杆内端(或膜片弹簧内端)之间的间隙在踏板上的反映。

二、离合器踏板自由行程对离合器工作的影响

在车辆的使用过程中，如果离合器踏板位置不正常，即离合器踏板高度、自由行程不符合规定要求，会导致离合器分离不彻底、换挡困难、离合器打滑、车速下降、分离轴承及压盘总成过早损坏等故障发生。

因此，定期检查和调整离合器踏板的自由行程，对提高车辆使用性能和减轻驾驶员劳动强度具有十分重要的意义。

1.离合器踏板自由行程过小

当离合器踏板自由行程过小或没有行程间隙时，即在放松离合器踏板处于结合状态时，分离轴承仍与分离杠杆保持接触，分离轴承因与分离杠杆长时间接触而会迅速磨损，导致损坏；如果膜片弹簧受到分离轴承的推压，在传送发动机转矩时，将会使离合器产生打滑现象。

2.离合器踏板自由行程过大

当离合器踏板自由行程过大时，则使分离轴承推动膜片弹簧前移的行程缩短，压盘向后移动的距离也随之缩短，不能完全解除压盘对从动盘的压力，从而不能使离合器彻底分离，造成换挡困难。

三、检查、分析、排除故障

在故障排除过程中，本着先易后难的原则，首先对离合器的操纵机构进行检查，发现离合器踏板自由行程过大，超过规定值，需进行调整。

1.离合器踏板自由行程的检查

如图2-2-1所示，用手指按压踏板并使用一把测量标尺测量踏板的自由行程量。先测出离合器踏板在最高位置时的高度，即底板面到踏板垫面中心的距离，*B*值；再测出按下离合器踏板感到稍有阻力时的高度，两者之差即为离合器踏板自由行程，数值*A*。

如数值不符合要求，即应及时调整。

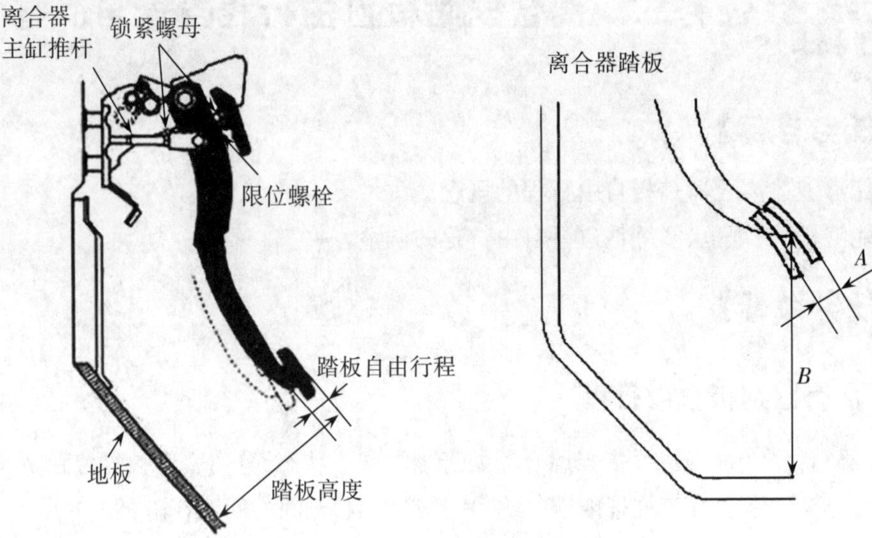

A—自由行程；B—踏板高度

图2-2-1　离合器踏板自由行程的测量

注意：用手指按压踏板时，感觉踏板逐渐变重的过程分两步。第一步，踏板运动直到踏板推杆接触总泵活塞；第二步，踏板运动直到总泵引起液压上升。离合器总泵产生的油压驱动离合器分泵，分泵推动分离拨叉，分离拨叉推动分离轴承推动膜片弹簧以前，随着踏板发生一定量的移动，离合器踏板自由行程也就被确定。

2. 离合器踏板高度及自由行程的调整

(1)离合器踏板高度调整。

步骤如下：

①松开限位螺栓锁紧螺母。

②转动限位螺栓直到踏板高度正确。

③上紧限位螺栓、锁紧螺母。

(2)离合器踏板自由行程调整。

采用液压式操纵机构的离合器踏板自由行程的调整方法如图2-2-1所示，一般是调整主缸推杆的长度，先将主缸推杆锁紧螺母旋松，然后转动离合器主缸推杆，从而调整踏板自由行程，调整后应将锁紧螺母旋紧。步骤如下：

①松开离合器主缸推杆锁紧螺母。

②转动离合器主缸推杆直到离合器踏板自由行程正确。

③上紧离合器主缸推杆锁紧螺母。

④调整好离合器踏板自由行程之后，检查踏板高度。

重新测试离合器踏板自由行程，如不符合规定按以上步骤重新调整。

【任务实施】

<table>
<tr><th colspan="2">离合器踏板自由行程检查与调整工作页</th></tr>
<tr><td colspan="2">1.车辆型号:________________________</td></tr>
<tr><td colspan="2">2.离合器踏板自由行程的调整</td></tr>
<tr><td colspan="2">(1)检查离合器主缸储液罐内离合器液(制动液)面的高度,如果低于“MAX”的标记,则应补加。
□液位高度正常　□液位高度过低　□液位高度过高
(2)检查离合器液压操纵机构是否有泄漏的部位。
□有泄漏　□无泄露
(3)检查离合器踏板自由行程是否正常。
□正常　□不正常</td></tr>
<tr><td colspan="2">3.调整离合器踏板自由行程关键步骤及所需工具</td></tr>
<tr><td>调整离合器踏板自由行程的关键步骤
(1)测量离合器踏板高度。
(2)拔掉调整座与踏板连接轴卡销。
(3)松开推杆锁紧螺母,转动踏板推杆直到离合器踏板自由行程正确。
(4)上紧推杆锁紧螺母,装上连接轴卡销。
(5)调整好离合器踏板自由行程之后,检查踏板高度。
(6)重新测试离合器踏板自由行程,如不符合规定按以上步骤重新调整。</td><td>所需工具</td></tr>
<tr><td colspan="2">4.注意事项</td></tr>
<tr><td colspan="2">(1)进行离合器踏板高度检查时,应掀起地毯或地板革,用直尺测量驾驶室地板到离合器踏板上表面的距离。如果超出标准,应调整踏板高度。
(2)进行离合器踏板自由行程检查时,用一个直尺抵在驾驶室地板上,先测量踏板完全放松时的高度,再用手轻按踏板,当感到阻力增大时再测量踏板高度,两次测量的高度差即为踏板的自由行程。
(3)液压操纵机构泄漏检查主要是检查主缸与油管、工作缸与油管及油封等部位是否有离合器液的痕迹。</td></tr>
</table>

【任务反馈】

一、小组自查

组员姓名: 在相应选项打"√"

序号	学习目标	能	不能	什么原因
1	能够叙述离合器踏板自由行程的概念			
2	能够正确、规范、熟练进行自由行程的调整			

二、教师总体评价

1.对该小组同学们的整体评价。(　　)

A.组内学习气氛很好,组长负责。

B.组长能组织组员按要求完成学习任务,______名组员不能达到学习目标。

C.组内有40%以上的学员不能达到学习目标。

D.组内大部分学员不能达到学习目标。

2.对该组内同学们的单独评价

____

____

三、课后作业

(一)选择题

1.离合器工作中,需反复进行调整的是(　　)。

A.压紧装置　　B.主动部分　　C.从动部分　　D.分离结构

2.液压式离合器操纵机构在迅速放松踏板时,管路中多余的油会经(　　)流回贮油室。

A.补偿孔　　B.进油孔　　C.旁通孔　　D.回油阀

3.分离杠杆不平将导致离合器(　　)。

A.分离不彻底　　B.操作费力　　C.结合不完全　　D.散热差

(二)判断题

1.用游标卡尺测量离合器踏板高度。(　　)

2.离合器踏板自由行程过小会导致离合器打滑。(　　)

3.在离合器工作中,需反复进行调整的是压紧装置。(　　)

4.离合器操纵机构的作用是分离和消音。(　　)

5.膜片式离合器无压盘。(　　)

任务三　离合器分离轴承、压盘及摩擦片更换

【任务目标】

(1)能正确、规范、熟练地进行离合器分离轴承更换。
(2)能正确、规范、熟练地进行离合器压盘更换。
(3)能正确、规范、熟练地进行离合器摩擦片更换。

【任务准备】

一、离合器结构

如图2-3-1所示为汽车离合器总成结构。

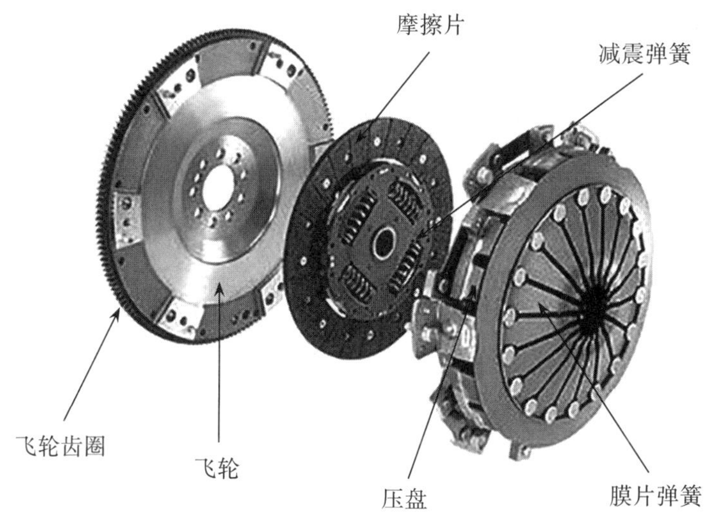

图2-3-1　汽车离合器总成结构

二、离合器压盘

离合器压盘是离合器主动部分的主要机件,它与发动机曲轴连在一起,并始终与曲轴一起转动。离合器盖与飞轮用螺栓连接,压盘与离合器盖之间靠3~4个传动片传递转矩。传动片用弹簧钢片制成,沿压盘周边均匀分布,其两端分别被铆钉铆在离合器盖和压盘上。离合器分离时,传动片发生弯曲变形。

在离合器从分离到结合的过程中,离合器从动盘与飞轮和压盘之间要发生摩擦作用。

三、离合器从动盘

离合器摩擦片是离合器从动部分的主要组成部件,它与从动盘本体、从动盘毂构成离合

器从动盘,即离合器的从动部分。离合器从动盘的主要作用是将主动部分通过摩擦传来的动力传给变速器的输入轴。

离合器结合时,发动机输出的转矩经飞轮和压盘传给了从动盘两侧的摩擦片,带动从动盘本体和减震器盘转动;从动盘本体和减震器盘又通过减震器弹簧把转矩传给从动盘毂。

四、离合器分离轴承

离合器分离轴承是离合器操纵机构的主要部件。离合器分离时,由分离拨叉拨动分离套筒沿离合器轴线移动,使分离套筒压向分离杠杆内端或膜片弹簧小端。由于分离套筒是不转动的,而分离杠杆内端或膜片弹簧小端却是随离合器的主动部分转动的,所以在分离套筒上设置了分离轴承。

分离杠杆绕离合器盖上的支点转动,带动压盘后移,使离合器分离。

五、故障可能原因

(1)离合器踏板自由行程太小或没有。

(2)从动盘有油污。

(3)从动盘摩擦片、压盘或飞轮工作面磨损严重。

(4)压盘或飞轮损坏。

六、检查分析、排除故障

检查、排除故障时,应先易后难。首先对离合器操纵机构进行检查,如离合器踏板自由行程正常,可能是摩擦片或压盘损坏,随后进行拆检,并进行更换。

七、拆卸离合器方法

离合器拆卸步骤如下:

(1)拆卸发动机盖。

(2)拆卸空气滤清器总成及空气总管。

(3)拆卸蓄电池端子,并拆卸蓄电池及托盘。

(4)分离车速传感器和倒车灯开关连接器。

(5)拆卸变速器、离合器导管支架和搭铁导线。

(6)拧下导线固定螺栓A,如图2-3-2所示。

(7)拆下卡销B和垫圈C,拧下拉线支架固定螺栓D,拆卸控制拉线总成A,如图2-3-3所示。

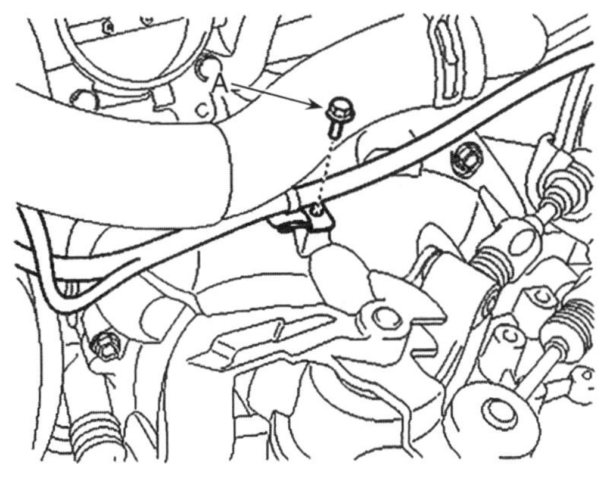

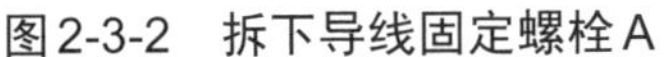
图2-3-2　拆下导线固定螺栓A

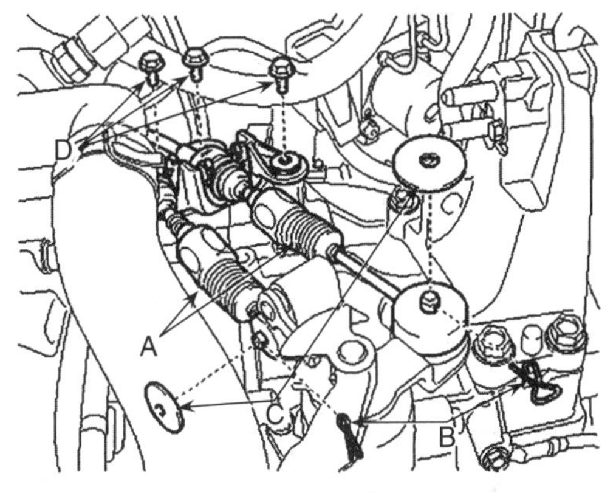

图2-3-3　拆卸控制拉线总成A

（8）使用发动机吊架（横梁编号：09200-38001/09200-3N000，支架编号09200-2S000）安全固定发动机和变速器总成，如图2-3-4所示。

（9）拧下变速器上两个固定螺栓B和起动机两个固定螺栓A，如图2-3-5所示。

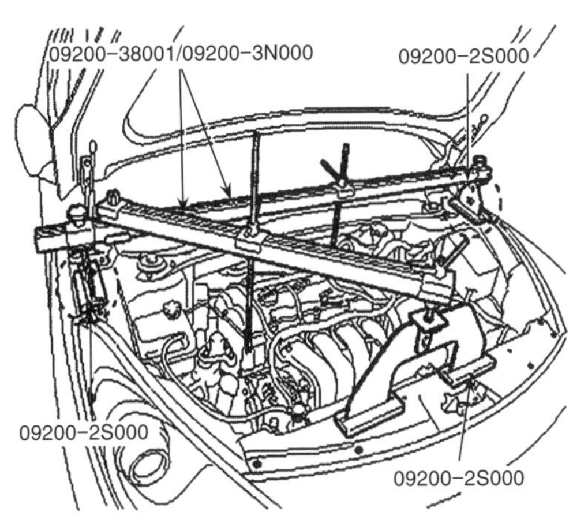

图2-3-4　固定发动机和变速器

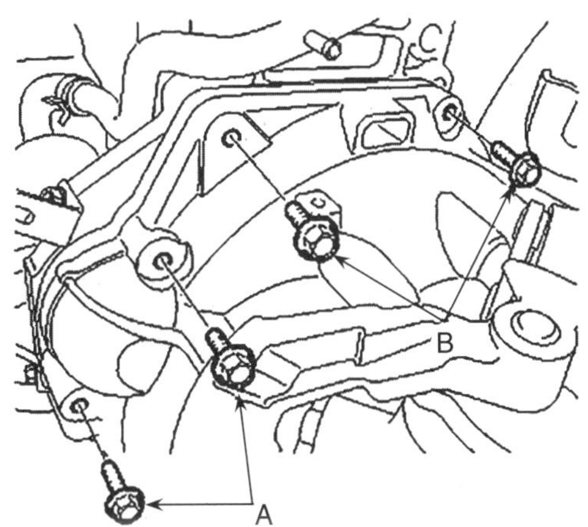

图2-3-5　拆卸固定螺栓

（10）拆下底盖A后，拆卸变速器固定支撑支架，如图2-3-6所示。

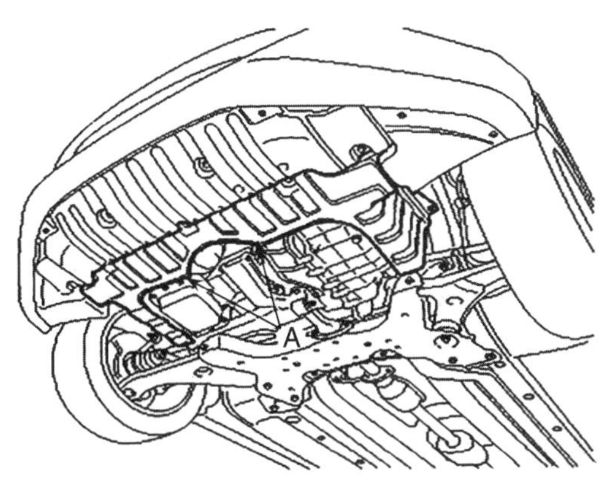

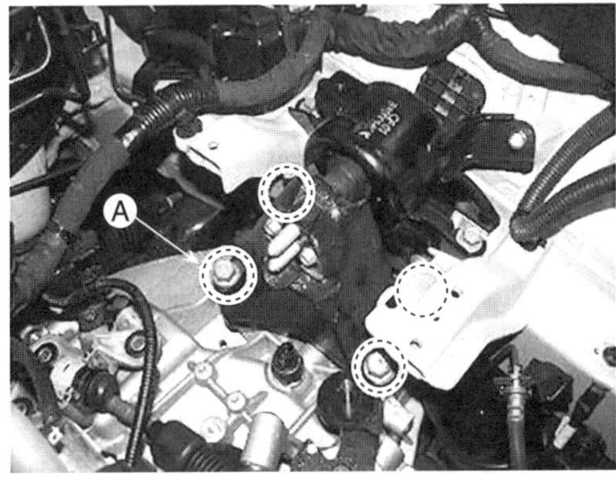

图2-3-6　拆卸底盖A及变速器固定支撑支架

(11)拆卸驱动轴总成。

(12)拆卸副车架。

(13)拆卸固定螺栓,拆卸隔热板A,如图2-3-7所示。

(14)拧下固定螺栓A,拆卸离合器分离缸总成B,如图2-3-8所示。

(15)拆卸盖A,如图2-3-9所示。

(16)拧下变速器下部和左侧盖的固定螺栓A和B;降下千斤顶,拆卸变速器总成,如图2-3-10所示。

图2-3-7　拆卸隔热板A

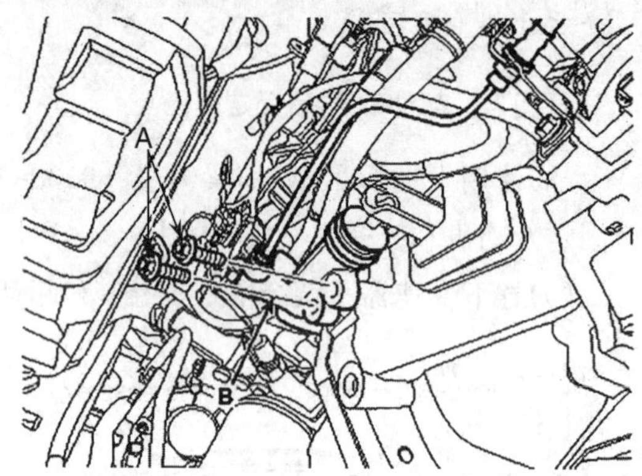

图2-3-8　拆卸离合器分离缸总成B

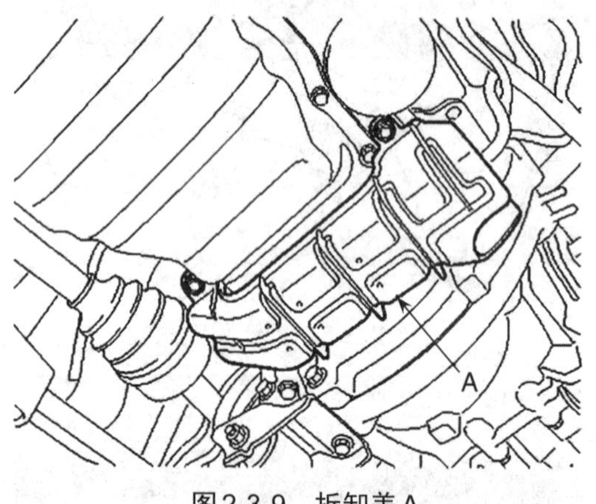

图2-3-9　拆卸盖A

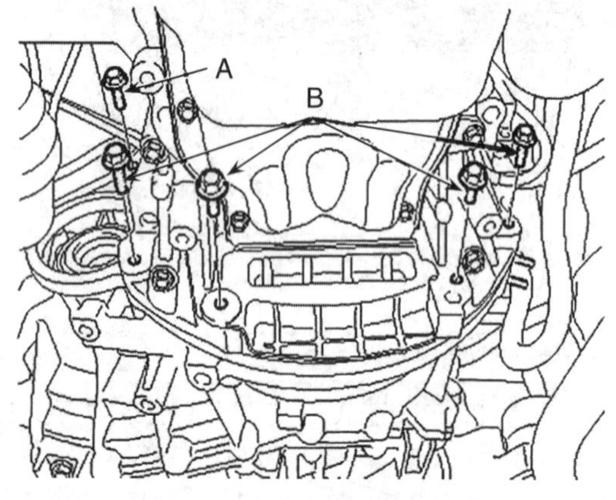

图2-3-10　拆卸变速器总成

八、离合器分离轴承、压盘及摩擦片检查、更换方法

使用真空吸尘器或干净的布清洁离合器壳的灰尘,也可以使用压缩空气清洁灰尘。检查发动机后轴承油封和变速器前油封是否漏油。如果漏油,更换相应油封。检查飞轮的摩擦面颜色是否改变,是否部分损坏,是否存在小裂纹和磨损。

1.离合器分离轴承的检查与更换

用手转动分离轴承,应灵活自如,没有过大的噪声和阻力。分离轴承为封闭式,不能拆卸清洗或充加润滑剂,若损坏时必须更换。

(1)离合器分离轴承拆卸。

如图2-3-11所示,离合器分离轴承安装位置。

①拆卸变速器。

②拆卸离合器分离缸,如图2-3-12所示。

③拉出卡夹,如图2-3-13所示。

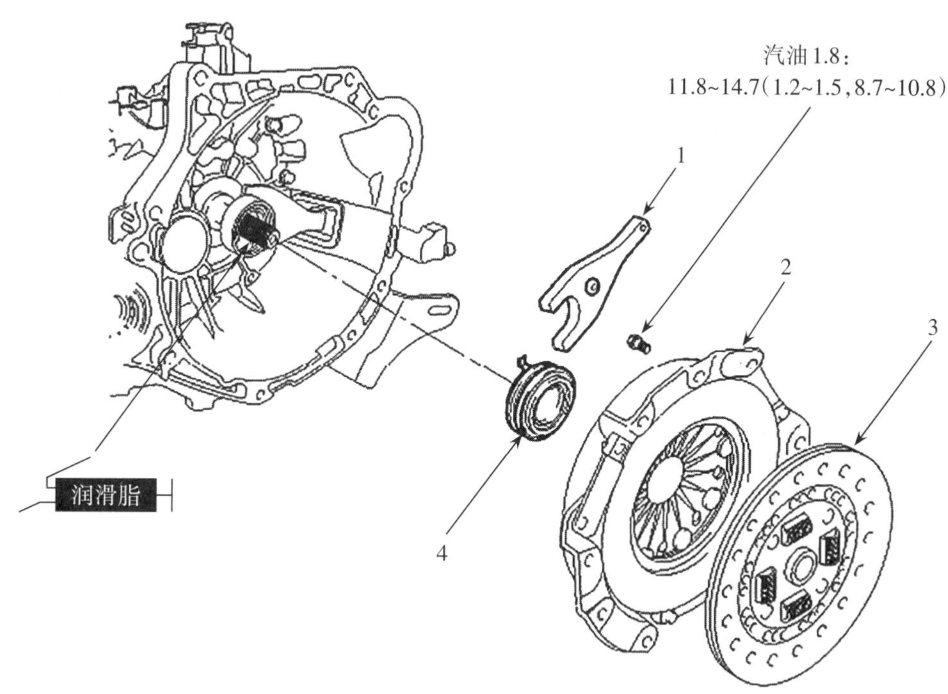

1-离合器分离拨叉;2-离合器盖总成;3-离合器片总成;4-离合器分离轴承

图2-3-11　离合器分离轴承安装位置

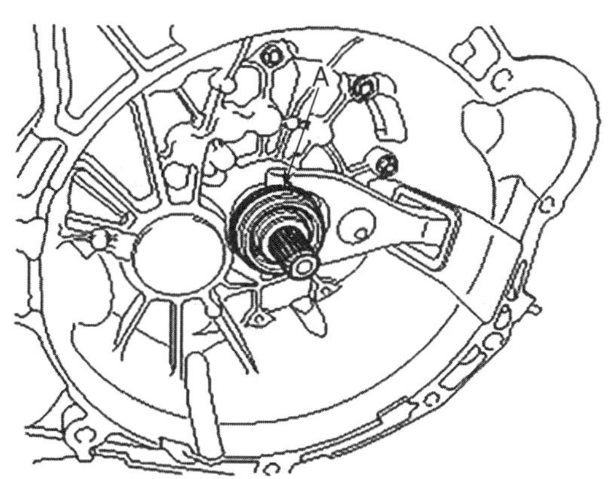

图2-3-12　拆卸离合器分离缸

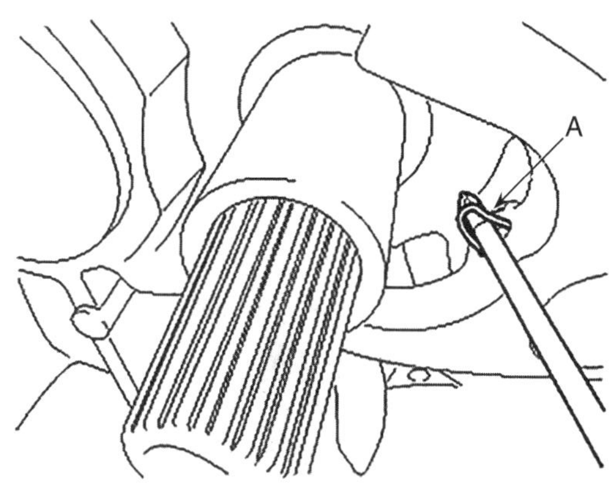

图2-3-13　拉出卡夹

④拆卸离合器分离拨叉A，如图2-3-14所示。

⑤拆卸防尘罩，如图2-3-15所示。

⑥拆下分离轴承。

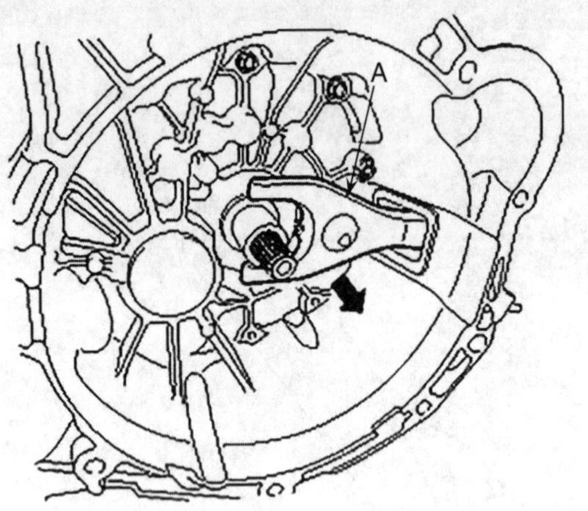

图2-3-14　拆卸离合器分离拨叉

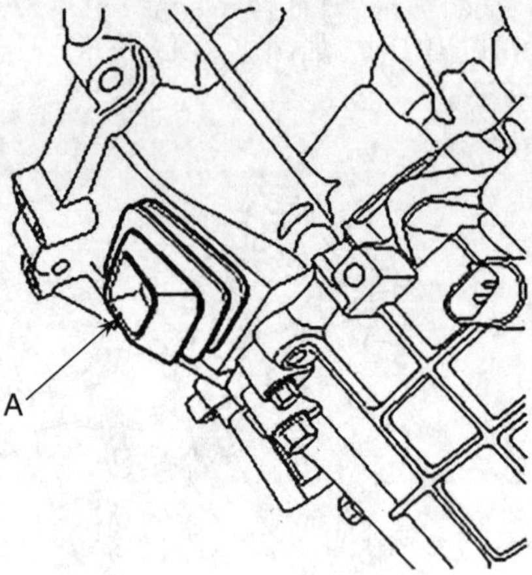

图2-3-15　拆卸防尘罩

(2)离合器分离轴承检查。

①检查防尘罩损坏情况。

②检查离合器分离拨叉变形情况。如果分离拨叉接触面磨损异常，则更换分离拨叉。

③检查离合器分离轴承变形情况，即检查分离轴承有无咬粘、损坏或异响并检查膜片弹簧接触面有无磨损。

(3)离合器分离轴承的安装。

①安装防尘罩。

②将卡夹安装到离合器分离拨叉上。

③在如图2-3-16所示A、B、C位置点处涂抹润滑脂，涂抹润滑脂之前，清理干净分离拨叉上的油污。

④清理干净分离轴承上的油污并在离合器分离轴承孔表面涂抹润滑脂，如图2-3-17所示。

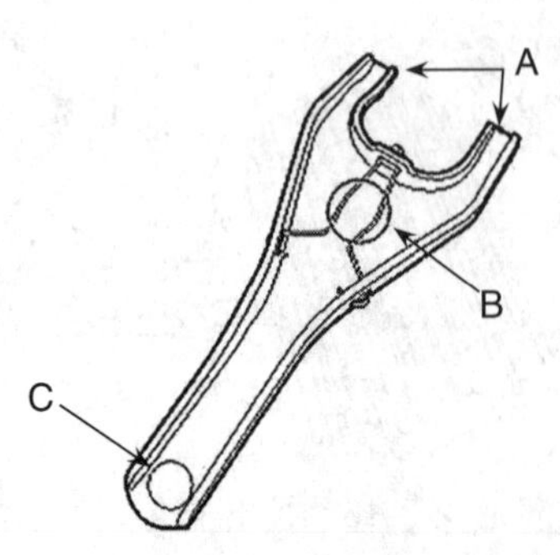

图2-3-16　离合器分离拨叉上A、B、C位置

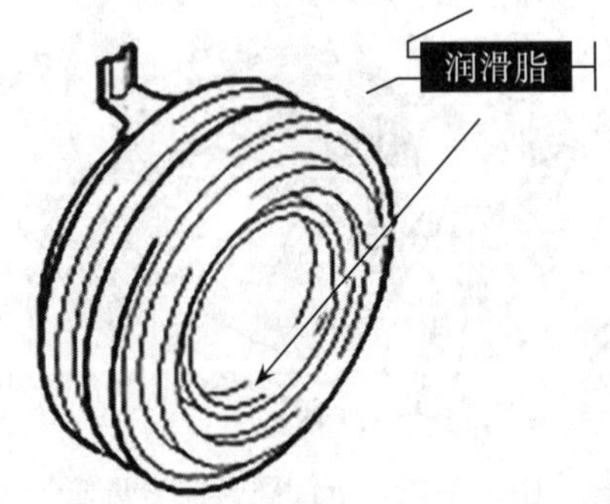

图2-3-17　离合器分离轴承孔表面涂抹润滑脂

⑤安装离合器分离拨叉和新的离合器分离轴承，如图2-3-18所示。

⑥装上回位弹簧。

⑦安装变速器总成。

2.离合器压盘检查与更换

使用干净的清洁剂清洁压盘的摩擦面，压盘的摩擦面必须与整个盘的表面一致。若部件显示过度磨损，则会造成压盘安装不良。目视压盘表面是否有磨损、裂纹及变色，若有，应更换。

离合器压盘平面度检查方法：可用直尺搁平后以厚薄规测量，如图2-3-19所示。若超过0.5 mm，则更换。

把离合器压盘平放，检查压盘的膜片弹簧是否一致，若不一致，则更换新部件。

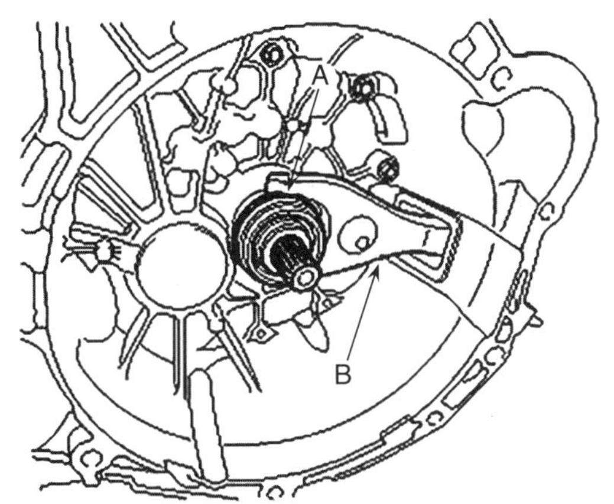

图2-3-18 离合器分离轴承的安装

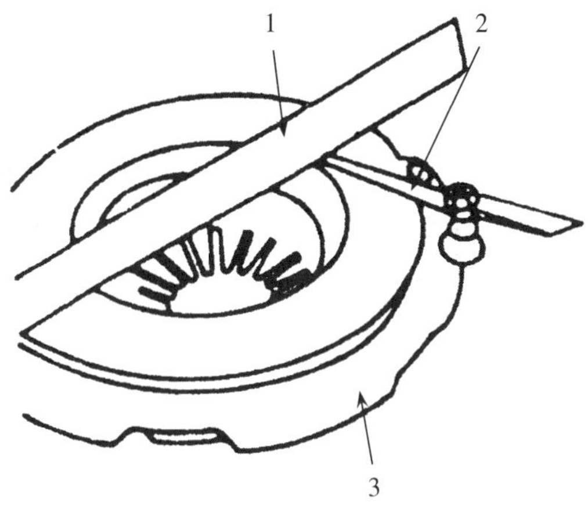

1-直尺；2-厚薄规；3-压盘

图2-3-19 离合器压盘平面度的检查

3.离合器摩擦片检查与更换

(1)离合器摩擦片的拆卸。

①拆卸变速器总成。

②拧下离合器固定螺栓，取下离合器盖及压盘总成，并取下离合器从动盘。

注意：不要弯曲固定螺栓；按对角线方向顺序拧下固定螺栓。

(2)离合器摩擦片的检查及更换。

①检查离合器表面是否存在铆钉松动、接触不均匀，以及由于咬粘、附着机油或润滑脂而导致的变质，更换有缺陷的离合器片。

②如果摩擦表面沾污机油或润滑脂，应更换离合器摩擦片。

③在离合器摩擦片处于自由状态时用游标卡尺测量离合器摩擦片铆钉的深度，如果铆钉深度低于3 mm，应更换离合器片。

④检查轮毂花键和离合器摩擦片的扭力弹簧是否过度磨损及损坏，如有缺陷，应更换离合器片。

⑤清洁输入轴花键并安装离合器片。如果离合器片不能平滑滑动或间隙过大,则应更换离合器片或输入轴。

⑥用游标卡尺测量从动盘铆钉至端面的深度。离合器片铆钉下沉量不得小于标准值;否则应更换离合器从动盘摩擦片。

九、安装离合器方法

(1)将润滑脂涂抹在离合器片花键部位,以及变速器输入轴花键部位,如图2-3-20所示。

(2)带有"T/M SIDE"标记表面,应朝向变速器,如图2-3-21所示。

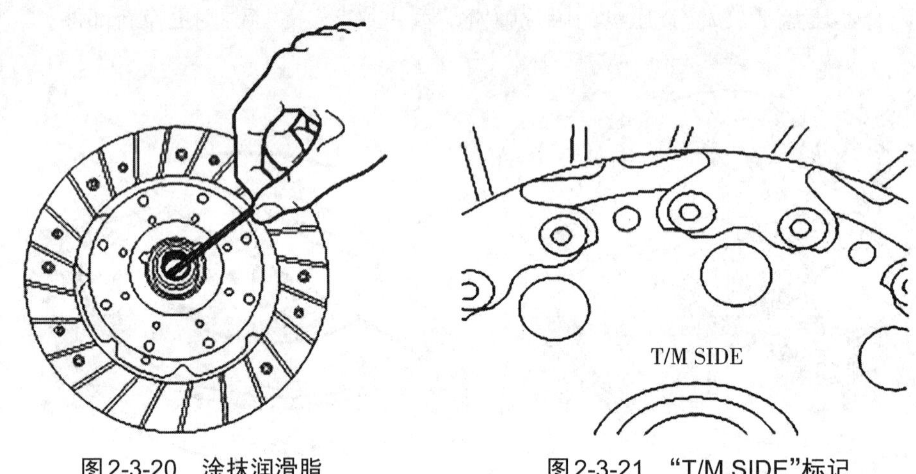

图2-3-20　涂抹润滑脂　　图2-3-21　"T/M SIDE"标记

(3)使用专用工具09411-1P000,安装离合器片和盖,如图2-3-22所示。

(4)按对角线方向顺序分3~4步,如图2-3-23所示,拧紧离合器盖固定螺栓,不要弯曲固定螺栓。

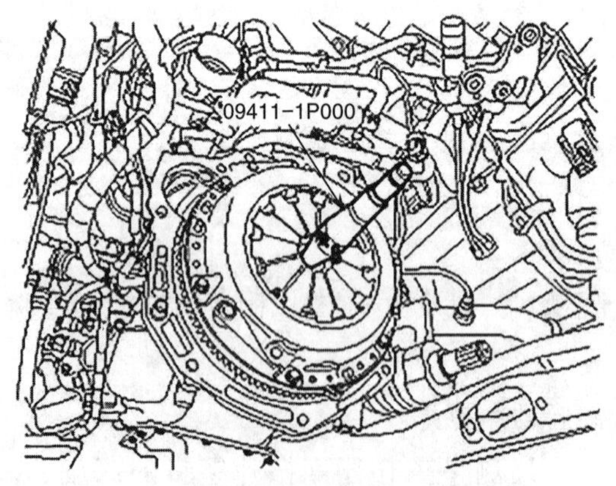

图2-3-22　安装离合器片和盖

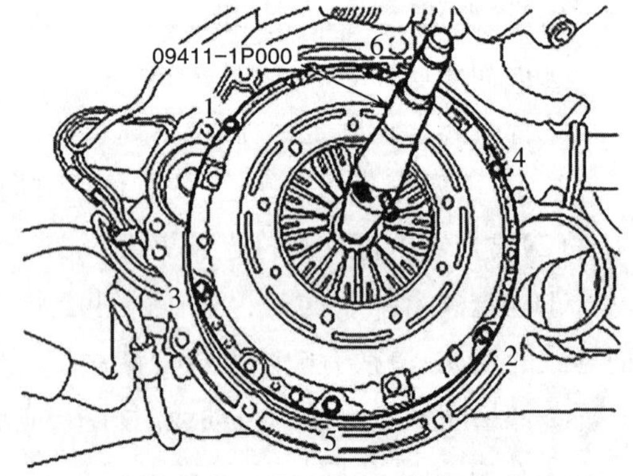

图2-3-23　离合器盖固定螺栓拧紧顺序

【任务实施】

离合器分离轴承、压盘及摩擦片更换工作页	
1.车辆型号:______________________________	
2.离合器分离轴承、压盘及摩擦片更换的关键步骤及所需工具	
离合器分离轴承、压盘及摩擦片更换的关键步骤	所需工具
3.注意事项	
(1)使用发动机吊架(横梁编号:09200-38001/09200-3N000,支架编号09200-2S000)安全固定发动机和变速器总成。 (2)带有"T/M SIDE"标记表面,应朝向变速器。 (3)使用专用工具09411-1P000,安装离合器片和盖。 (4)按对角线方向顺序分3~4步,拧紧离合器盖固定螺栓,不要弯曲固定螺栓。	

【任务反馈】

一、小组自查

组员姓名： 在相应选项打“√”

序号	学习目标	能	不能	什么原因
1	正确、规范、熟练地进行离合器分离轴承、压盘及摩擦片的更换			
2	能够进行“7S”管理			

二、教师总体评价

1.对该小组同学们的整体评价。( )

A.组内学习气氛很好，组长负责。

B.组长能组织组员按要求完成学习任务，________组员能达到学习目标。

C.组内有40%以上的学员不能达到学习目标。

D.组内大部分学员不能达到学习目标。

2.对该组内同学们的整体印象评价。

____

____

三、课后作业

(一)选择题

1.离合器压盘与( )连在一起。

A.发动机曲轴 B.变速器输入轴 C.变速器输出轴 D.变速器中间轴

2.离合器从动盘的主要作用是将主动部分通过摩擦传来的动力传给( )。

A.输出轴 B.变速器的输入轴 C.变速器的中间轴 D.发动机曲轴

(二)判断题

1.离合器从动部分包括飞轮。 ( )

2.离合器从动盘磨损后，其踏板自由行程将会变小。 ( )

3.检查排除故障时，应先易后难。 ( )

4.离合器片铆钉下沉量小于标准值，则应更换离合器从动盘摩擦片。 ( )

5.离合器摩擦片摩擦表面沾污机油或润滑脂，应更换离合器摩擦片。 ( )

任务四 手动变速器认知

【任务目标】

(1)能叙述手动变速器的基本结构和特点。

(2)能叙述手动变速器的工作原理和各零部件名称。

【任务准备】

一、变速器的作用

(1)改变传动比,满足不同行驶条件对牵引力的需要,使发动机尽量工作在有利的工况下。

(2)实现倒车行驶,使汽车在发动机旋转方向不变的前提下倒向行驶。

(3)中断发动机动力传递,以满足发动机运转,而不需要汽车行驶的要求。

二、变速器的分类

1.按传动比的变化方式划分

(1)有级式变速器。有几个可选择的固定传动比,常采用齿轮传动。有级式变速器可分为:齿轮轴线固定的普通齿轮变速器和部分齿轮(行星齿轮)轴线旋转的行星齿轮变速器。

(2)无级式变速器。传动比可在一定范围内连续变化,常见的有液力式、机械式和电力式等。

(3)综合式变速器。它是由有级式变速器和无级式变速器共同组成的,其传动比可以在最大值与最小值之间几个分段的范围内做无级变化。

2.按操纵方式划分

(1)强制操纵式变速器。靠驾驶员直接操纵变速杆换挡(手动变速器)。

(2)自动操纵式变速器。传动比的选择和换挡是自动进行的。驾驶员只需操纵加速踏板,变速器就可以根据发动机的负荷信号和车速信号来控制执行元件,实现挡位的变换。

(3)半自动操纵式变速器。分为两类,一类是部分挡位自动换挡,部分挡位手动(强制)换挡;另一类是预先用按钮选定挡位,在踩下离合器踏板或松开加速踏板时,由执行机构自行换挡。

三、手动变速器的结构

手动变速器(Manual Transmission,简称"MT"),如图2-4-1所示,就是必须通过用手拨动变速器杆,才能改变传动比的变速器。手动变速器主要由壳体、传动组件(输入输出轴、齿轮、同步器等)、操纵组件(换挡拉杆、拨叉等)组成,如图2-4-2所示。

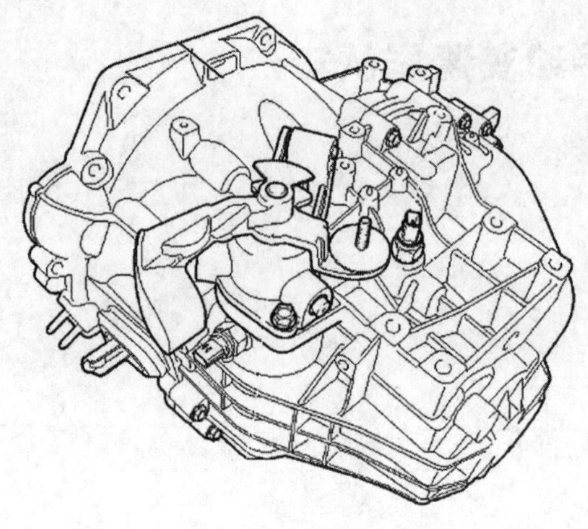

图2-4-1　手动变速器

图2-4-2　手动变速器结构图

四、手动变速器的工作原理

手动变速器的工作原理，就是通过拨动变速杆，切换中间轴上的主动齿轮，通过大小不同的齿轮组合与动力输出轴结合，从而改变驱动轮的转矩和转速。下面先看一下简单的手动变速器（2挡）的构造图，如图2-4-3所示。

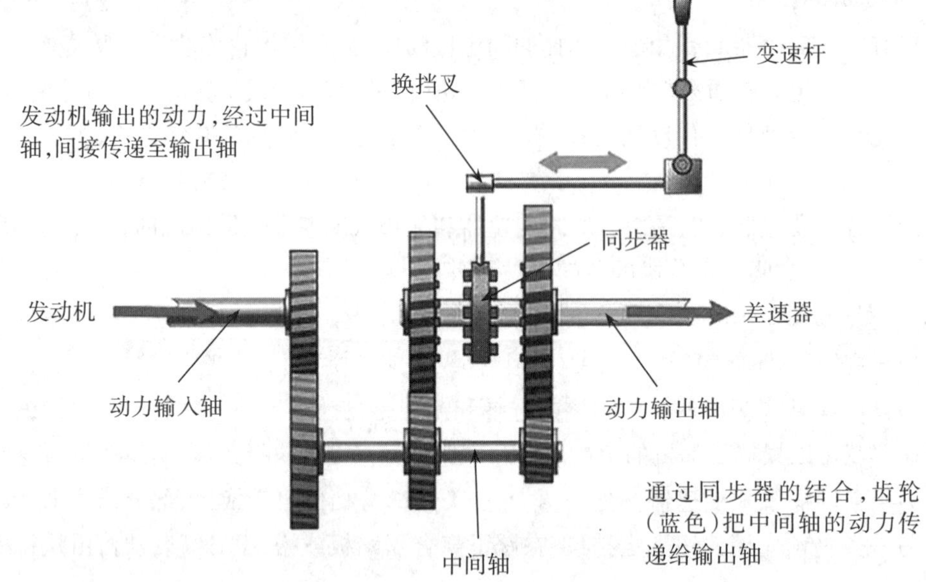

图2-4-3　简单变速器结构图

发动机的动力输入轴是通过一根中间轴，间接与动力输出轴连接的。如图2-4-4所示，中间轴的两个齿轮（红色）与动力输出轴上的两个齿轮（蓝色）是随着发动机输出一起转动的。但是如果没有同步器（紫色）的结合，两个齿轮（蓝色）只能在动力输出轴上空转（不会带动输出轴转动）。图2-4-4中同步器位于中间状态，相当于变速器挂了空挡。

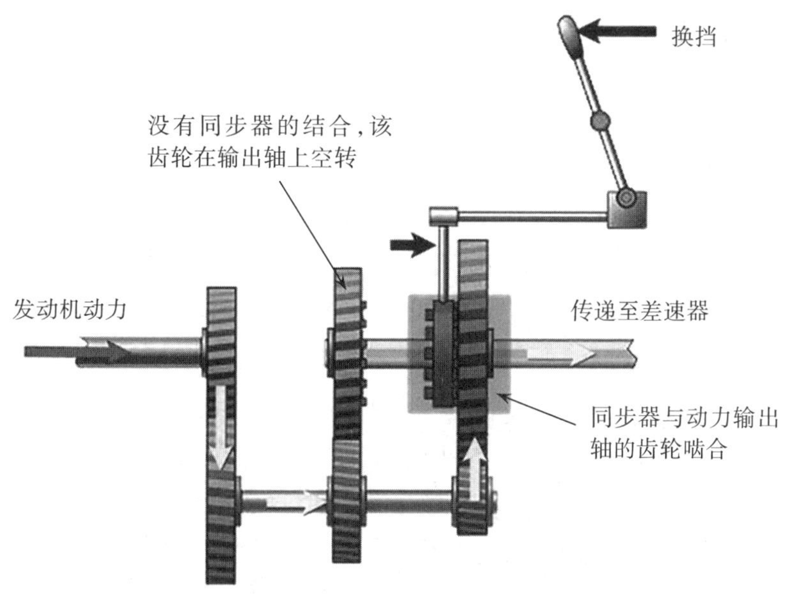

图2-4-4　变速器换挡原理图

一般的手动变速器都有好几个挡位，如图2-4-5，可以理解为在原来的基础上添加了几组齿轮，其实原理都是一样的。如当挂上1挡时，实际上是将1、2挡同步器向左移动，使同步器与1挡从动齿轮（图中①）结合，将动力传递到输出轴。细心的同学会发现，R挡（倒挡）的主动齿轮和从动齿轮中夹了一个中间齿轮，就是通过这个齿轮实现汽车的倒退行驶。

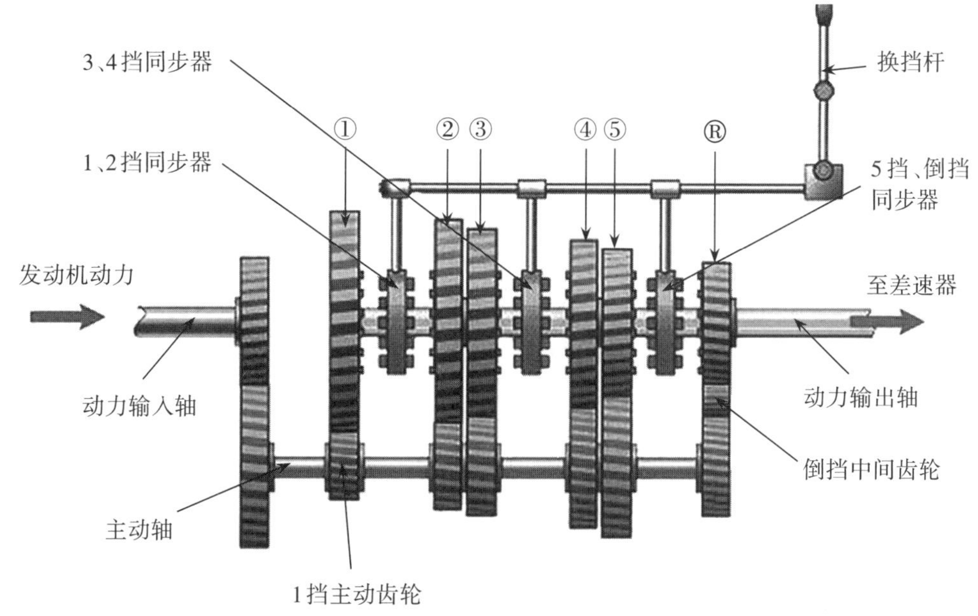

图2-4-5　5挡手动变速器结构图

【任务实施】

手动变速器认知工作页
1. 找出实物图中的名称 
2. 根据手动变速器实物画出简图

【任务反馈】

一、小组自查

组员姓名：　　　　　　　　　　　　　　　　　　　　　　　　在相应选项打“√”

序号	学习目标	能	不能	什么原因
1	能说出变速器的作用			
2	能判断出自动变速器和手动变速器			
3	能够简述手动变速器的工作原理			
4	能够简述手动变速器的结构			
5	能够辨认手动变速器的各个零件			

二、教师总体评价

1.对该小组同学们的整体评价。(　　)

A.组内学习气氛很好，组长负责。

B.组长能组织组员按要求完成学习任务，________组员能达到学习目标。

C.组内有40%以上的学员不能达到学习目标。

D.组内大部分学员不能达到学习目标。

2.对该组内同学们的单独评价

____

____

三、课后作业

(一)选择题

1.变速器按传动比的变化方式可分为有级式、无级式和(　　)。

A.综合式　　B.等级式　　C.分级式　　D.越级式

2.手动变速器主要由壳体、传动组件和(　　)组成。

A.齿轮　　B.同步器　　C.输入轴　　D.操纵组件

3.变速器操纵机构的锁止机构包括自锁、互锁和(　　)三种。

A.倒挡锁　　B.前进锁　　C.驻车锁　　D.金刚锁

(二)判断题

1.直接挡传动比为1。(　　)

2.变速器箱内用来保证全齿啮合的是互锁装置。(　　)

3.变速器在磨合时各挡位的磨合时间不少于20分钟。(　　)

4.同步是指待啮合齿轮的转速相同。(　　)

5.三轴式手动变速器无中间轴。(　　)

任务五 手动变速器总成拆装

【任务要求】

(1)能叙述手动变速器的结构特点与拆装技术要求。

(2)能与小组组员合作编写手动变速器拆装的计划。

(3)能正确、规范、熟练地进行手动变速器总成的拆装。

【任务准备】

变速器内发生不正常的响声,主要是变速器内的轴承和齿轮引起的噪声,一般需要分解变速器进行检测和维修

一、变速器异响故障的分类

1.变速器置空挡有异响

发动机转速提高,响声加重,踏下离合器踏板后响声消失,离合器处于半结合状态时有强烈的金属摩擦声,说明输入轴前球轴承异常,但是不能排除后球轴承异响的可能。

2.变速器挂挡后异响

(1)变速器挂入某挡位后,即出现异响,该故障是相互啮合的齿轮在运转时有撞击和变速器空腔的共鸣作用引起的。

(2)当车辆行驶速度大于30 km/h时,发出一种不正常的响声,且车速越高,响声越大,当滑行或低速时,响声减小或消失。

二、维修装配的注意事项

(1)装配变速器时注意零部件的清洁度。应仔细检查变速器壳体,清除变速器中可能存在的异物和杂质。

(2)变速器维修和装配时,除了仔细装配变速器各轴和各轴上的齿轮、轴承外,还应仔细装配内部操纵机构(拨叉和拨叉导轨)等,消除各机械部分可能发出的异常响声。

三、手动变速器的拆装方法

本着先易后难的原则,检查油位、机油等级、变速器和发动机固定部位均正常,故障可能原因在于变速器本身,需进行拆卸检查。

(1)拆卸下列部件。

①发动机盖。

②空气滤清器总成和空气管道。

③蓄电池和托盘。

(2)分离车速传感器A和倒车灯开关B连接器,如图2-5-1所示。

(3)拆卸变速器离合器导管支架B和搭铁导线A,如图2-5-2所示。

图2-5-1 分离车速传感器A和倒车灯开关B连接器

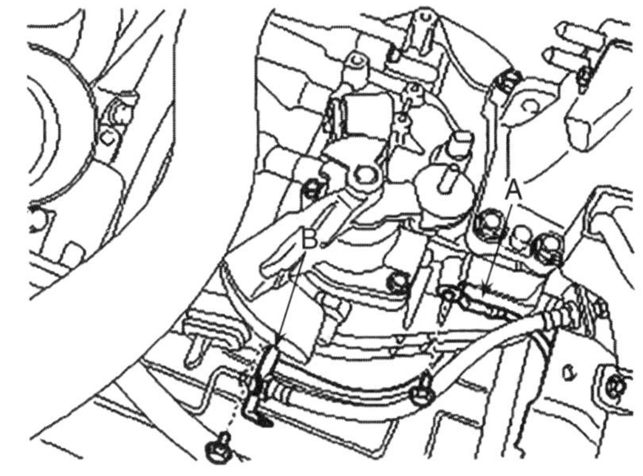

图2-5-2 拆卸变速器离合器导管支架和搭铁导线

(4)拧下导线固定螺栓A,如图2-5-3所示。

(5)拆卸控制拉线总成A,拆卸卡销B和垫圈C,拧下拉线固定螺栓D,如图2-5-4所示。

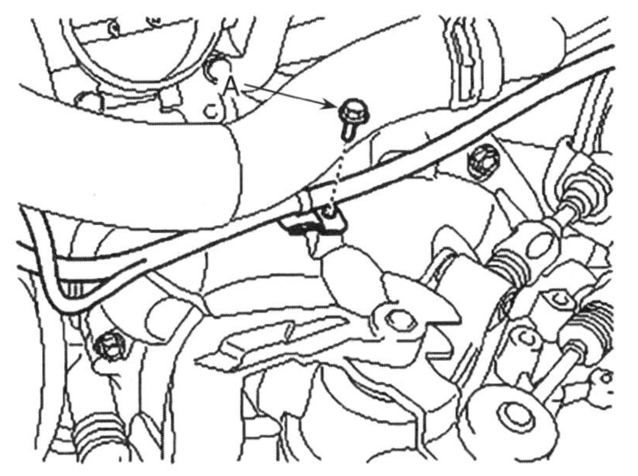

图2-5-3 拧下导线固定螺栓A

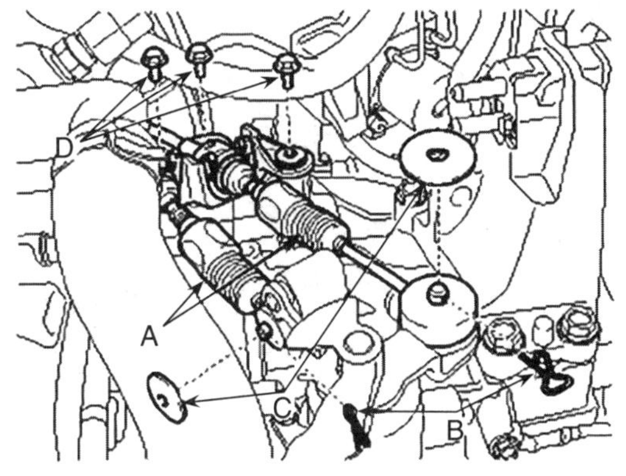

图2-5-4 拆卸控制拉线总成A

(6)使用发动机吊架安全固定发动机和变速器总成,如图2-5-5所示。

(7)拧下变速器固定螺栓B(2个)和起动机固定螺栓A(2个),如图2-5-6所示。

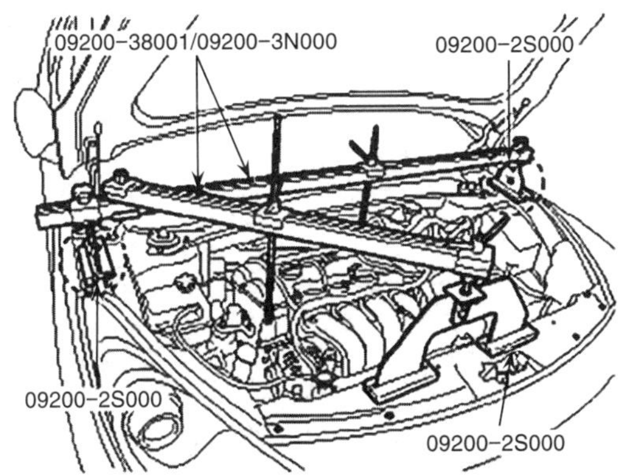

图2-5-5 安全固定发动机和变速器总成

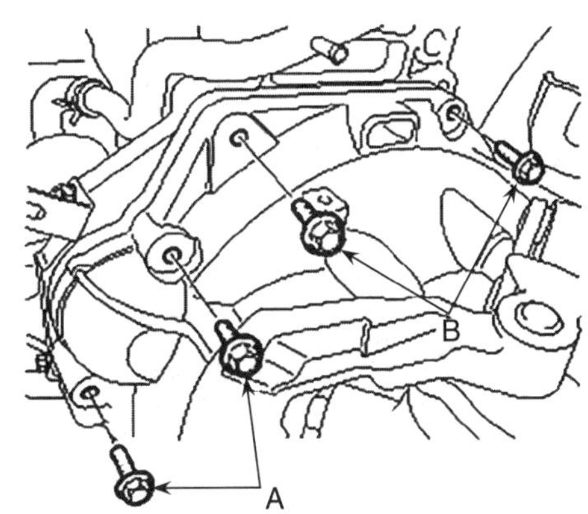

图2-5-6 拧下变速器固定螺栓和起动机固定螺栓

(8)拆卸盖A后,拧下变速器固定支撑支架螺栓B,如图2-5-7所示。

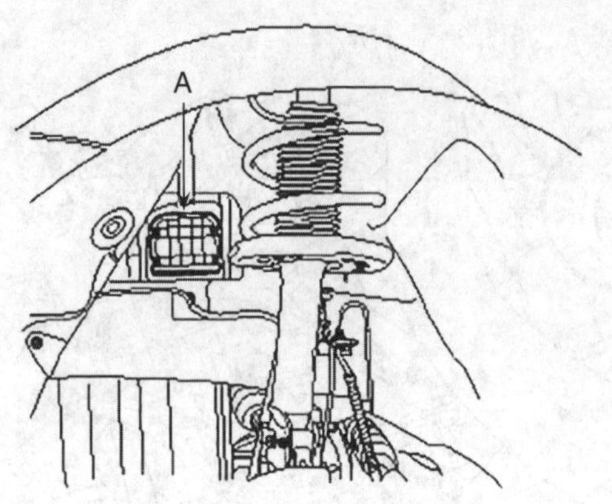

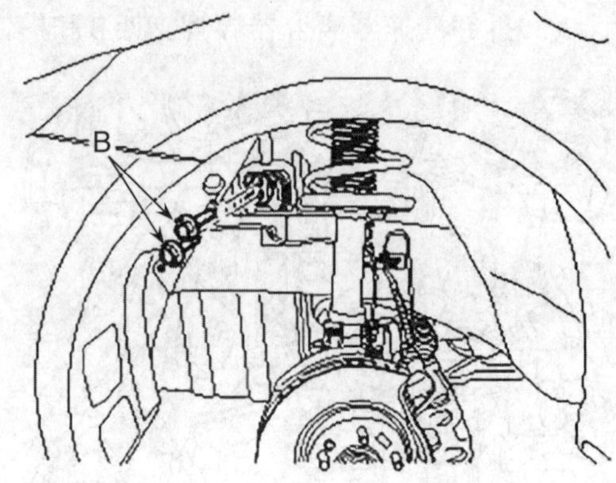

图2-5-7 拧下固定支撑支架螺栓B

(9)拆卸变速器固定支撑支架A,如图2-5-8所示。

(10)拆卸下盖A,如图2-5-9所示。

图2-5-8 拆卸固定支撑支架A

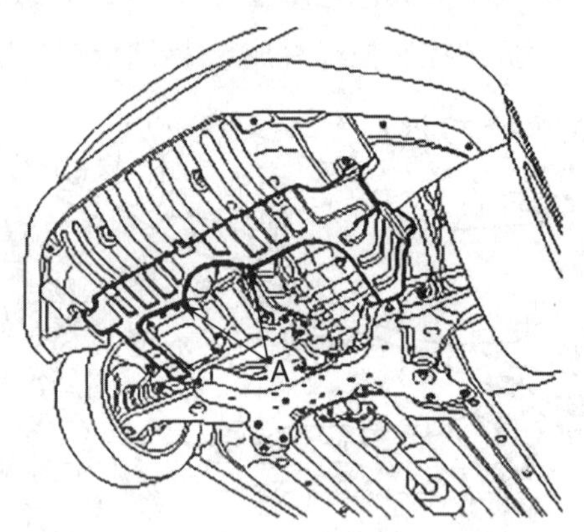

图2-5-9 拆卸下盖A

(11)拆卸驱动轴总成。

(12)拆卸副车架。

(13)拧下固定螺栓,拆卸隔热板A,如图2-5-10所示。

(14)拧下固定螺栓A(2个),拆卸离合器分离缸总成B,如图2-5-11所示。

图2-5-10 拆卸隔热板A

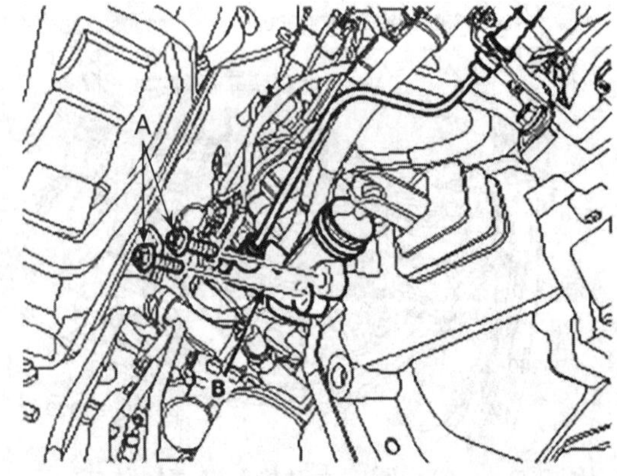

图2-5-11 拧下固定螺栓A,拆卸离合器分离缸总成B

(15)拆卸盖A,如图2-5-12所示。

(16)拧下变速器下部和左侧盖的下固定螺栓(1个A,4个B),降下千斤顶拆卸变速器总成,如图2-5-13所示。

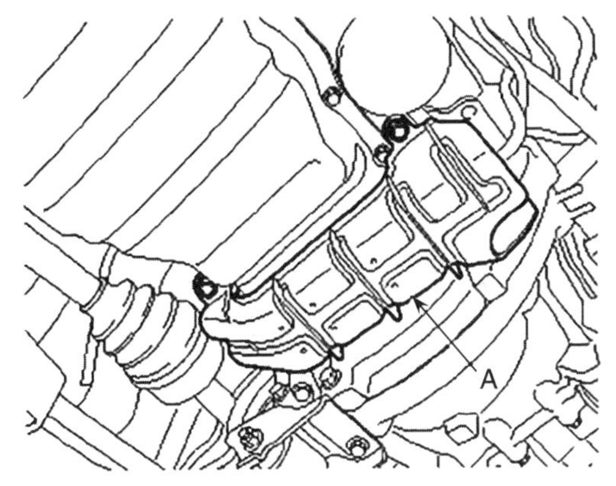

图2-5-12　拆卸盖A

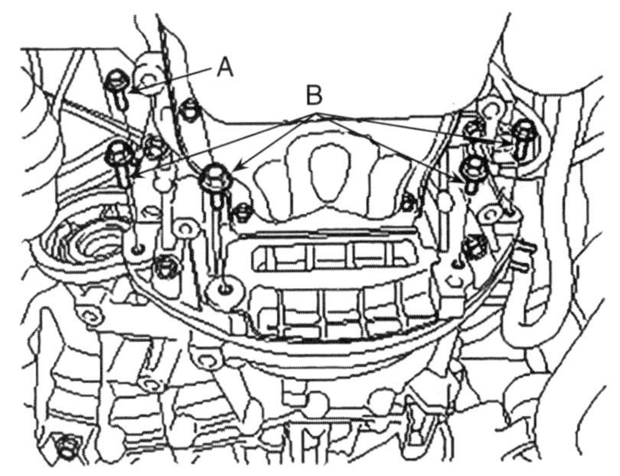

图2-5-13　拆卸变速器总成

(17)轿车手动变速器的安装。

①装配前的准备工作。

a.用专用清洗液清洁变速器壳体和各零部件。

b.对变速器各零部件进行检查和测量,如不符合要求应修理或更换。

c.检查各油封和轴承有无损坏,如有损坏应使用新品和更换油封,安装新油封时,使用专用工具。

d.检查自锁和互锁装置。

②变速器的安装要点。

a.安装挡位拨叉定位销时应确认销口与拨叉轴中心对齐。

b.安装变速器壳体前应确认倒挡固定螺栓孔与壳体倒挡固定孔对齐,否则无法安装壳体。

c.在变速器各结合面均匀涂抹专用密封胶,防止变速器漏油。

d.各连接螺栓应用专用工具按原厂规定扭矩扭紧。

③变速器的装配。

a.按照变速器拆卸的相反步骤进行安装。

b.将变速器擦拭干净,并进行基本的换挡性能试验。

c.清洁场地,整理工具。

【任务实施】

<table>
<tr><th colspan="2">手动变速器总成拆装工作页</th></tr>
<tr><td colspan="2">1.手动变速器总成的检查</td></tr>
<tr><td colspan="2">(1)检查变速器齿轮状况：
□锥面起毛 □锥面磨损 □轮齿损坏 □内孔损伤
(2)检查变速器轴状况：
□花键损伤 □轴承外表损伤 □轴弯曲
(3)检查变速器异响状况：
□空挡异响现象 □换挡后异响现象
(4)检查轴承：
□轴承装错 □轴承松旷 □轴承损坏</td></tr>
<tr><td colspan="2">2.手动变速器总成拆装的关键步骤及所需工具</td></tr>
<tr><td>手动变速器总成拆装的关键步骤</td><td>所需工具</td></tr>
<tr><td>(1)拆卸外壳主要部件。
(2)分离车速传感器和倒车灯开关连接器。
(3)拆卸变速器离合器导管支架和搭铁导线。
(4)拧下导线固定螺栓。
(5)拆卸控制拉线总成等。
(6)使用发动机吊架安全固定发动机和变速器总成。
(7)拧下变速器固定螺栓和起动机固定螺栓。
(8)拆卸盖后，拧下变速器固定支撑支架螺栓。
(9)拆卸变速器固定支撑支架。
(10)拆卸下盖。
(11)拆卸驱动轴总成。
(12)拆卸副车架。
(13)拧下固定螺栓，拆卸隔热板。
(14)拧下固定螺栓，拆卸离合器分离缸总成。
(15)拆卸盖。
(16)拧下变速器下部和左侧盖的下固定螺栓，降下千斤顶拆卸变速器总成。
(17)安装(按照拆卸相反顺序处理)。</td><td></td></tr>
<tr><td colspan="2">3.注意事项</td></tr>
<tr><td colspan="2">(1)装配前，用专用清洗液清洁变速器壳体和各零部件。
(2)对变速器各零件进行检查和测量，如不符合要求应修理或更换。
(3)检查各油封和轴承有无损坏，必要时进行更换。
(4)安装挡位拨叉定位销时应确认销口与拨叉轴中心对齐。
(5)安装变速器壳体前应确认倒挡固定螺栓孔与壳体倒挡固定孔对齐，否则无法安装壳体。
(6)在变速器各结合面均匀涂抹专用密封胶，防止变速器漏油。
(7)各连接螺栓应用专用工具按原厂规定扭矩扭紧。
(8)将变速器擦拭干净，并进行基本的换挡性能试验。
(9)保持场地、工具清洁。</td></tr>
</table>

【任务反馈】

一、小组自查

组员姓名：

在相应选项打“√”

序号	学习目标	能	不能	什么原因
1	能叙述手动变速器的结构特点与拆装技术要求			
2	能在小组合作下编写手动变速器的拆装计划			
3	能正确、规范地进行手动变速器总成的拆装			
4	能简述手动变速器异响的原因			

二、教师总体评价

1.对该小组同学们的整体评价。(　　)

A.组内学习气氛很好,组长负责。

B.组长能组织组员按要求完成学习任务,________组员能达到学习目标。

C.组内有40%以上的学员不能达到学习目标。

D.组内大部分学员不能达到学习目标。

2.对该组内同学们的单独评价

____

____

三、课后作业

(一)选择题

1.变速器内发生不正常的响声,主要是变速器内的轴承和(　　)引起的噪声。

A.齿轮　　B.壳体　　C.衬套　　D.螺栓

2.装配变速器时注意零部件的(　　)。

A.清洁度　　B.光滑度　　C.同轴度　　D.平面度

3.变速器维修和装配时,应仔细装配变速器各轴和各轴上的齿轮、轴承、拨叉和(　　)等。

A.衬套　　B.螺栓　　C.拨叉导轨　　D.连杆

(二)判断题

1.手动变速器在装配前,需用专用清洗液清洁变速器壳体和各零部件。(　　)

2.手动变速器在装配前,无须检查自锁和互锁。(　　)

3.对变速器各零部件进行检查和测量,如不符合要求应修理或更换。(　　)

4.安装挡位拨叉定位销时应确认销口与拨叉轴中心对齐。(　　)

5.变速器的安装应按照变速器拆解的相反步骤进行。(　　)

项目三　行驶系统构造与维修

任务一　悬架认知

【任务目标】

(1)能阐述悬架的类型、结构。
(2)能对麦弗逊式独立悬架进行更换与检修。
(3)能对多连杆式悬架进行更换与检修。
(4)能对悬架总成、减震器等主要部件进行拆装以及常见故障的检修。

【任务准备】

一、前悬架的组成与工作原理

前悬架采用的是麦弗逊式独立悬架,其结构如图3-1-1所示。

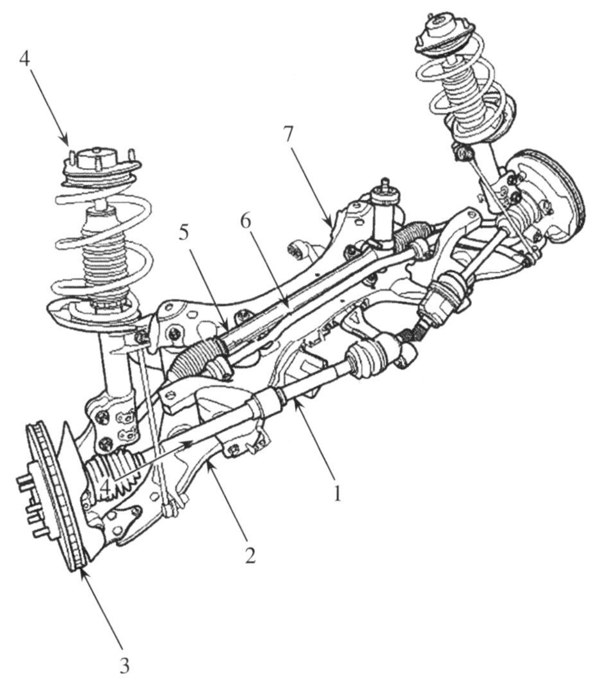

1-驱动轴;2-下臂;3-前制动盘;4-前减震器总成;5-转向器;6-前稳定杆;7-副车架

图3-1-1　前悬架结构图

1.螺旋弹簧

主要起缓冲作用,它具有的优点有:无须润滑,不忌泥污,安置它所需汽车的纵向空间很小,本身质量也轻。

2.减震器

减震器与螺旋弹簧并联安装,可以加速衰减车身的震动。其基本工作原理是利用液体流动的阻力来消耗冲击震动的能量。当车身与车轮之间相对运动时,减震器内的油液反复地从一个腔室通过一些狭小的孔隙流入另一个腔室。此时,孔隙与油液间的摩擦以及油液分子间的内摩擦便形成了对车身震动的阻尼力,从而使车身的震动能量转化成为热能,并被油液和减震器壳体所吸收,然后散发到大气中。

3.后悬架的组成与工作原理

后悬架采用的是多连杆式悬架,其结构如图3-1-2所示。

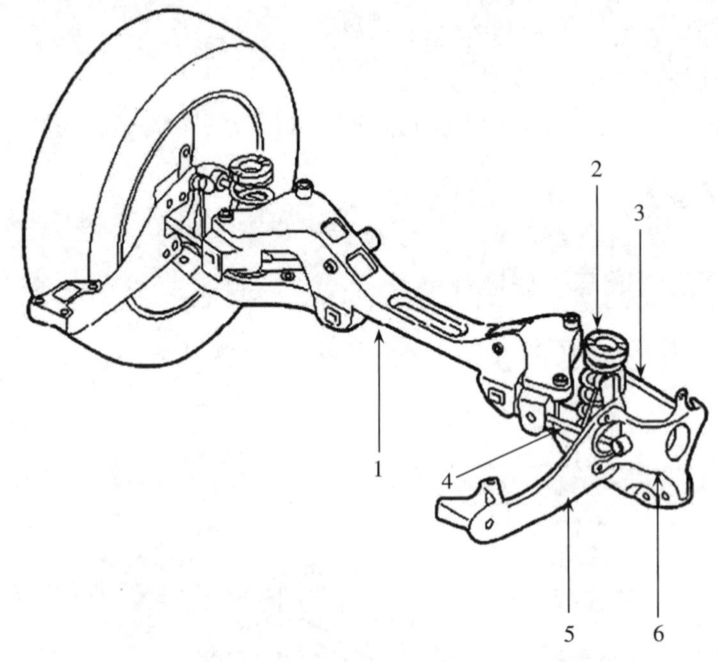

1-副车架;2-螺旋弹簧;3-上臂;4-后辅助臂;5-纵臂;6-后桥

图3-1-2　后悬架结构图

多连杆式悬架由于连杆较多,可以使车轮和地面尽最大可能保持垂直,尽最大可能减小车身的倾斜。最大可能维持轮胎的贴地性,大幅度减少来自路面的前后方向力,从而改善加速和制动时的平顺性和舒适性,同时也保证了直线行驶的稳定性。高档轿车由于空间充裕,且注重舒适性能和操控稳定性,所以大多使用多连杆悬架。

二、汽车麦弗逊式独立悬架的更换与检修方法

1.拆卸前的检查

(1)减震器的检查。

目测减震器是否漏油、变形或损坏,防尘罩是否破损;用手触摸减震器外表面是否烫手,有烫手感则为内部缺油;用力按下保险杠,然后松开,如果汽车有2~3次跳跃,则说明减震器工作良好。

(2)螺旋弹簧的检查。

目测螺旋弹簧是否有损坏、变形等。

2.拆卸后的检查

(1)检查减震器轴承是否磨损或损坏。

(2)检查上(下)弹簧座是否损坏或变形。

(3)压缩和拉伸活塞杆A,检查并确定操作中没有异常阻力或异响,如图3-1-3所示。

3.前减震器和螺旋弹簧的更换

(1)拆卸车轮和轮胎。

拆卸车轮和轮胎时应按对角顺序拆卸车轮螺母,注意不要损坏轮毂螺栓。

(2)拆下固定螺栓,从前减震器总成上拆卸轮速传感器支架A,如图3-1-4所示。

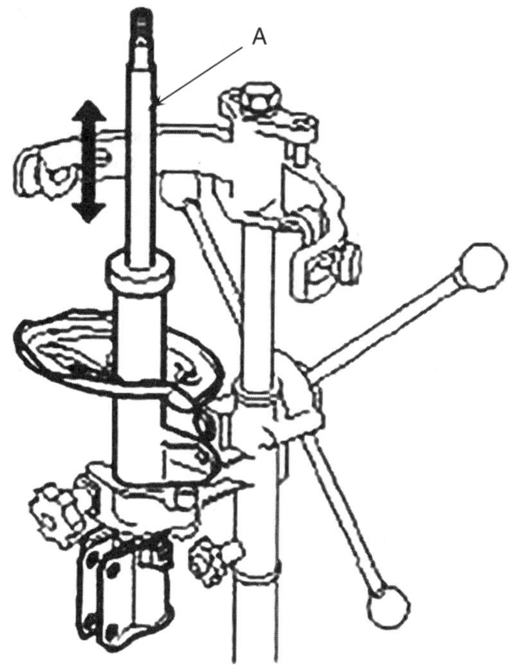

图3-1-3　减震器的检查

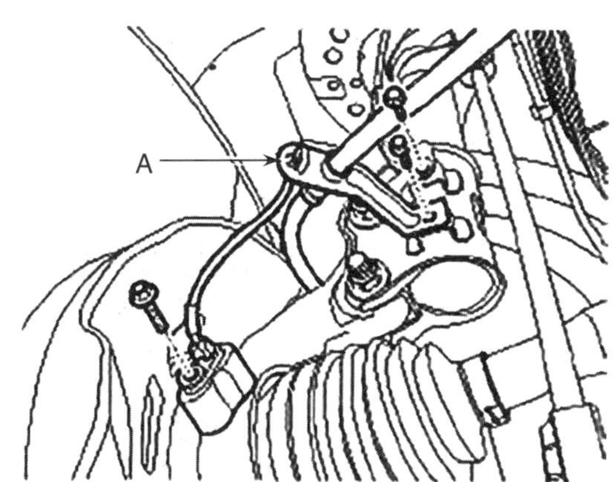

图3-1-4　支架固定螺栓的拆卸

(3)拧下螺母后,从前减震器总成A分离稳定杆连接杆B,如图3-1-5所示。

(4)拧下螺栓和螺母,从转向节总成分离前减震器总成。如图3-1-6所示。

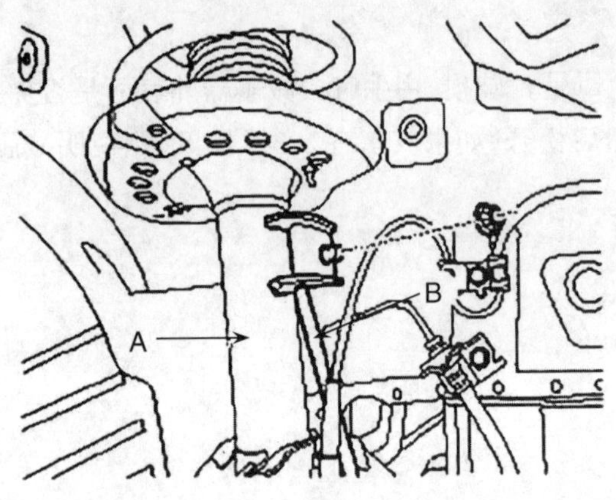

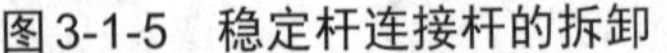

图3-1-5 稳定杆连接杆的拆卸

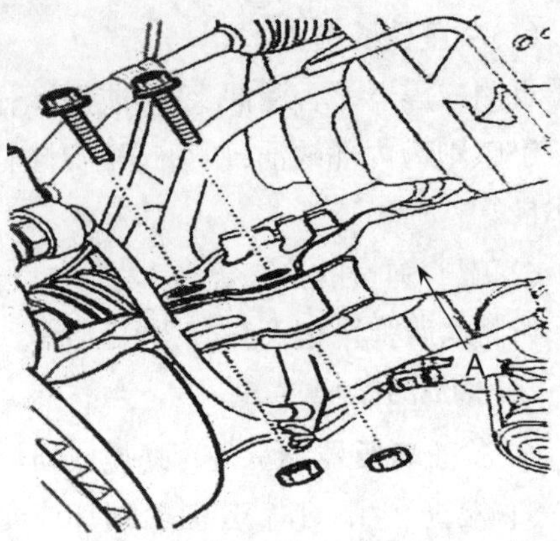

图3-1-6 减震器与转向节螺栓螺母的拆卸

(5)拧下减震器上固定螺母盖A、B,如图3-1-7所示。

图3-1-7 减震器车身螺母盖的拆卸

(6)拧下减震器固定螺母A,然后拆卸前减震器总成,如图3-1-8所示。

图3-1-8 减震器固定螺母的拆卸

(7)减震器分解:使用弹簧压缩器将螺旋弹簧压缩,不要过度压缩弹簧,拆下自锁螺母A,取下安装绝缘体B,如图3-1-9所示。

注意:安装时,自锁螺母要更换新的。

(8)拆卸绝缘体总成A和减震器轴承B,如图3-1-10所示。

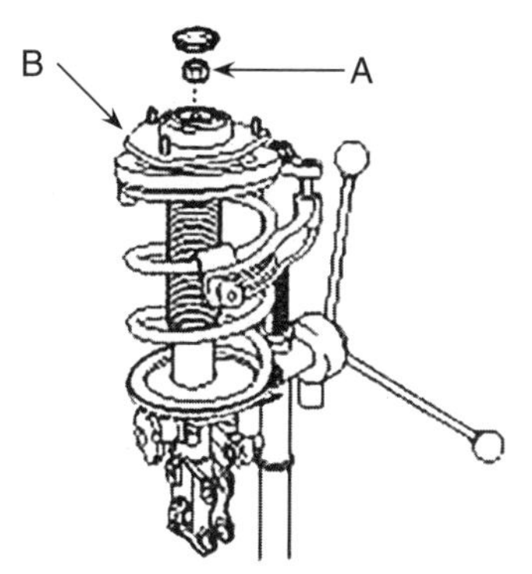

图3-1-9 减震器自锁螺母的拆卸

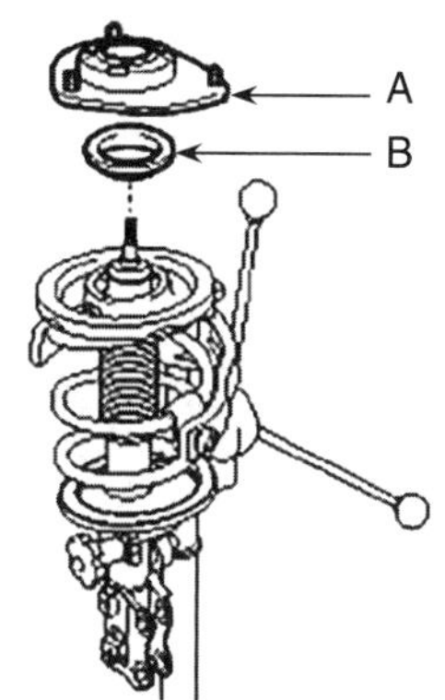

图3-1-10 绝缘体总成和减震器轴承的拆卸

(9)取出弹簧上座A和垫B,如图3-1-11所示。

(10)取下防尘罩A和缓冲橡胶块B,如图3-1-12所示。

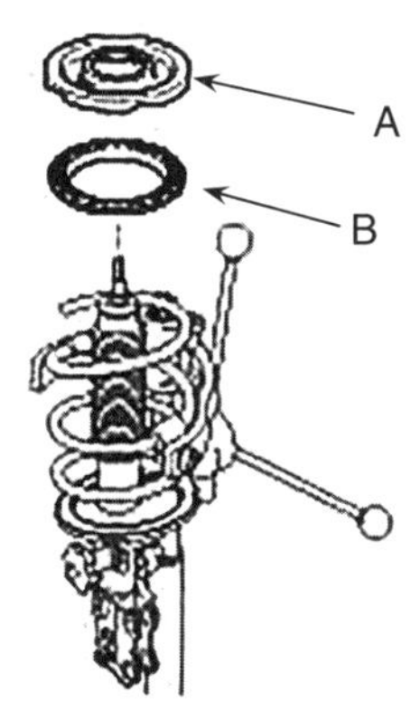

图3-1-11 弹簧上座和垫的拆卸

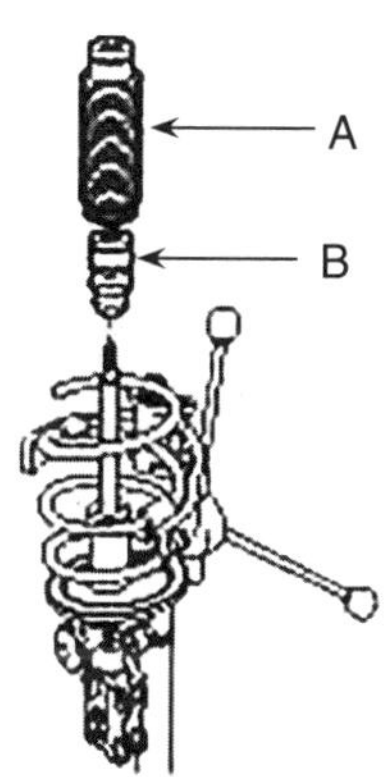

图3-1-12 缓冲橡胶块和防尘罩的拆卸

(11)取出螺旋弹簧A和弹簧下垫块B,如图3-1-13所示。

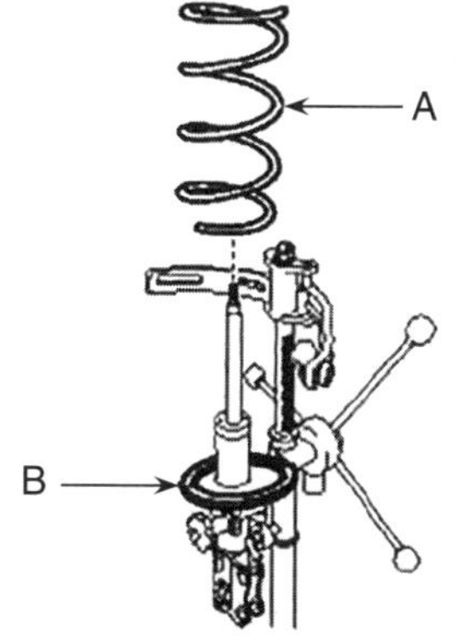

图3-1-13 螺旋弹簧和弹簧垫块的拆卸

在安装螺旋弹簧时应将螺旋弹簧下端A正确地安装在弹簧座垫B上，如图3-1-14所示。安装弹簧垫块C时要将凸出部位A装配进弹簧座的孔B里，如图3-1-15所示。

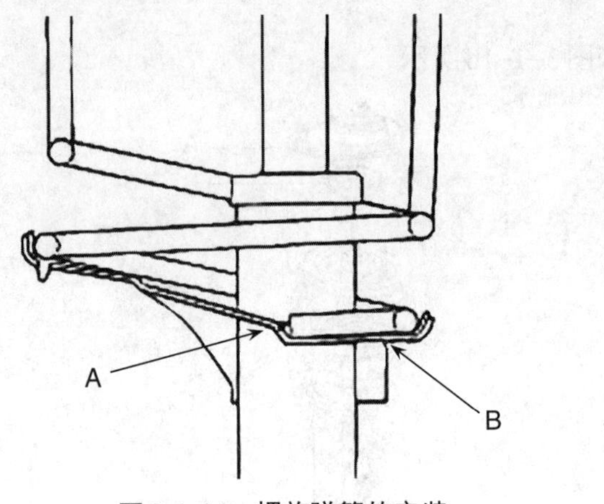

图3-1-14　螺旋弹簧的安装

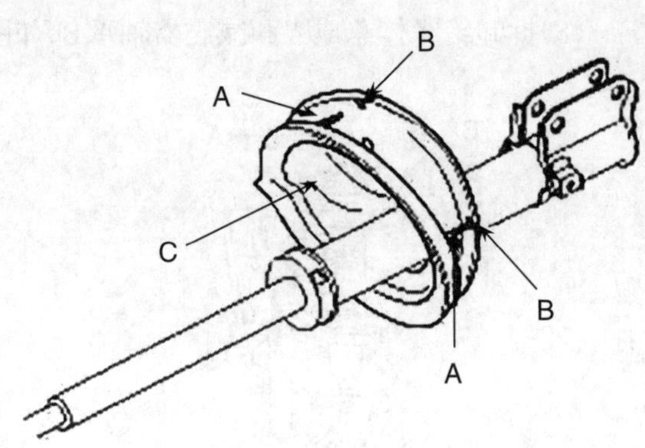

图3-1-15　弹簧垫块的安装

(12)更换减震器或螺旋弹簧。

(13)安装时，按拆卸相反顺序将前支柱装配并将总成安装到车上。

注意：更换减震器时，一般要将相关橡胶部件同时更换。

三、汽车多连杆式悬架的更换与检修方法

1.后减震器和螺旋弹簧的更换

(1)拆卸后车轮和轮胎，如图3-1-16所示。

(2)拧下固定螺栓和螺母，从后桥上分离减震器A，如图3-1-17所示。

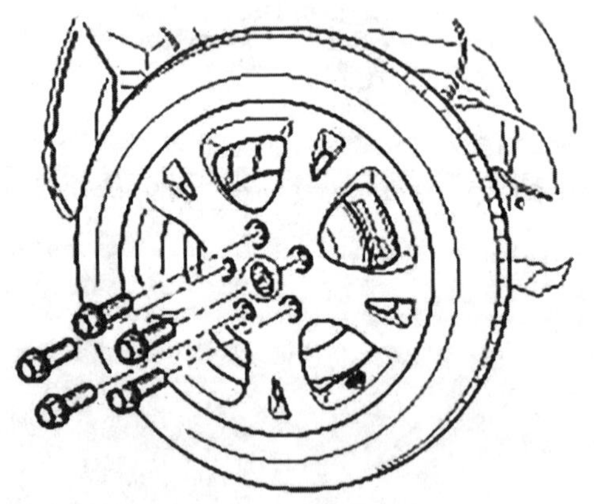
图3-1-16　车轮的拆卸

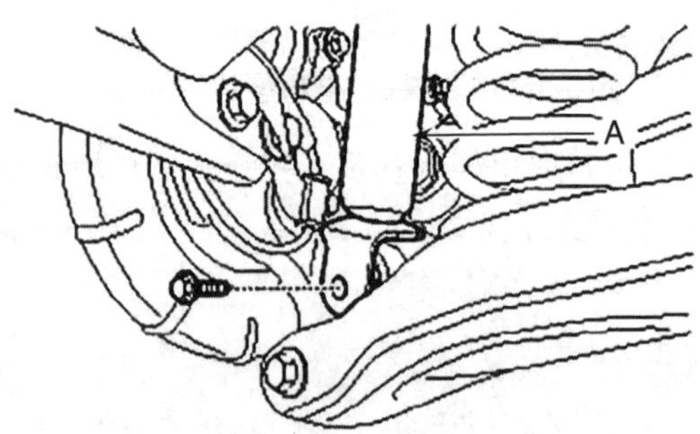

图3-1-17　减震器下部螺栓和螺母的拆卸

(3)拆卸减震器上部螺栓A,如图3-1-18所示。

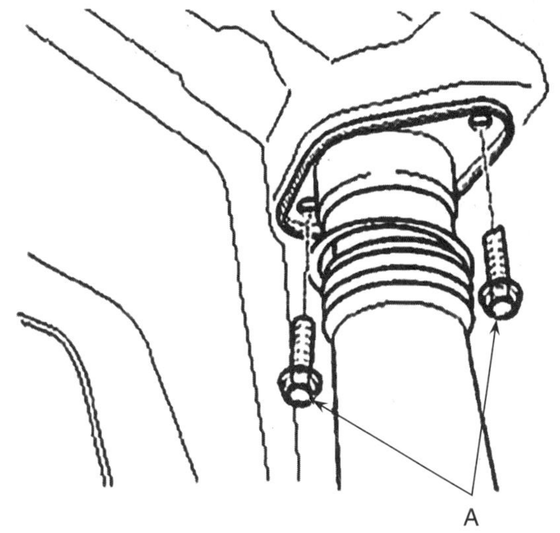

图3-1-18　减震器上部螺栓的拆卸

(4)将减震器取下后一并取出螺旋弹簧。

(5)更换螺旋弹簧和减震器后,按拆卸相反顺序进行总成的安装。

2.后上臂的更换与检修

(1)后上臂的更换。

①拆卸后车轮和轮胎。注意:拆卸后车轮和轮胎时,小心不要损坏轮毂螺栓。

②拧下固定螺栓和螺母,从后桥上拆卸后上臂A,如图3-1-19所示。

③拧下固定螺旋和螺母,从副车架拆卸后上臂A,如图3-1-20所示。

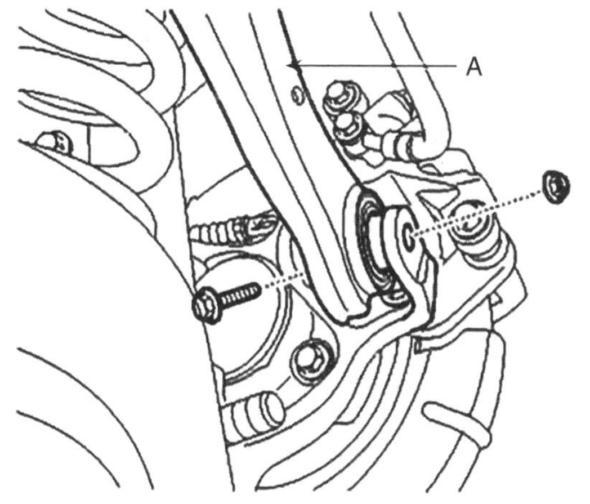

图3-1-19　从后桥上拆卸后上臂

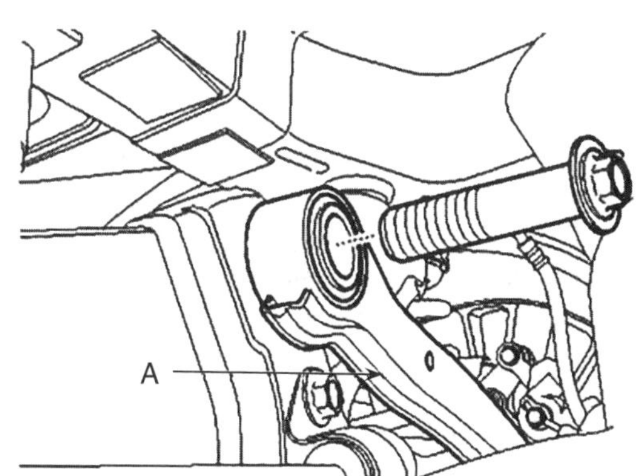

图3-1-20　从副车架上拆卸后上臂

④按拆卸时的相反顺序进行安装。安装后上臂,使字母“R”朝向车后。

(2)后上臂的检修。

①检查轴套是否磨损或变形。

②检查后下臂是否变形。

③检查螺旋弹簧和螺旋衬垫是否退化或变形。

④检查所有固定螺栓和螺母。

3.后下臂的更换与检查

(1)后下臂的更换。

①拆卸后车轮和轮胎。

②拧下固定螺母,从后下臂A拆卸后稳定杆连杆B,如图3-1-21所示。

③拧下固定螺栓和螺母,从后桥拆卸后下臂,如图3-1-22所示。

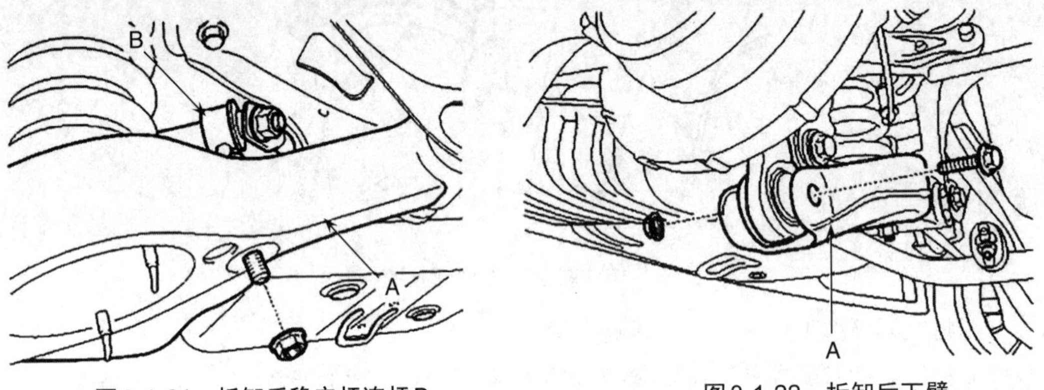

图3-1-21　拆卸后稳定杆连杆B　　图3-1-22　拆卸后下臂

④拧下固定螺栓和螺母,拆卸后下臂B和副车架A,如图3-1-23所示。

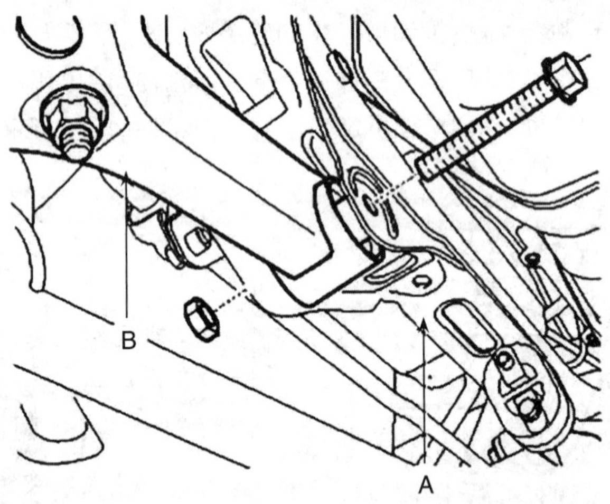

图3-1-23　拆卸后下臂B和副车架A

⑤按拆卸时的相反顺序进行安装。

(2)后下臂的检查。

①检查轴套是否磨损或变形。

②检查后下臂是否变形。

③检查螺旋弹簧和弹簧衬垫是否退化或变形。

④检查所有固定螺栓和螺母。

4.**后辅助臂的更换与检查**

(1)后辅助臂的更换。

①拆卸后轮和轮胎。

②拆卸开口销,拧下槽顶螺母,从后桥上分离后辅助臂A,如图3-1-24、图3-1-25所示。

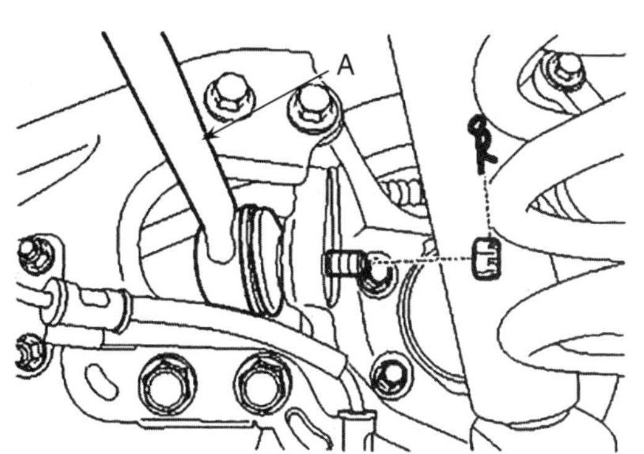

图3-1-24 从后桥上分离后辅助臂A

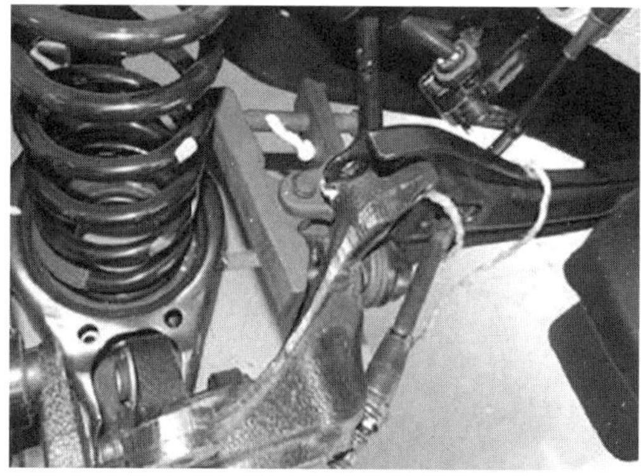

图3-1-25 从后桥上分离后辅助臂A

③拧下固定螺栓和螺母,从副车架拆卸后辅助臂A,如图3-1-26所示。

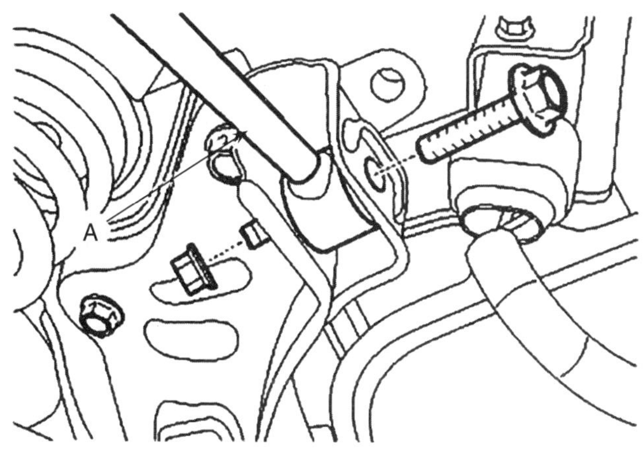

图3-1-26 拆卸后辅助臂A

④按拆卸时的相反顺序进行安装。

⑤检查车轮定位。

(2)后辅助臂的检查。

①检查轴套是否磨损或变形。

②检查所有固定螺栓和螺母。

5.**纵臂的更换与检查**

①拆卸后车轮和轮胎。

②从后制动器总成分离驻车制动拉线A，如图3–1–27所示。

③拧下驻车制动拉线支架固定螺母A和纵臂固定螺栓B，从后桥拆卸纵臂，如图3–1–28所示。

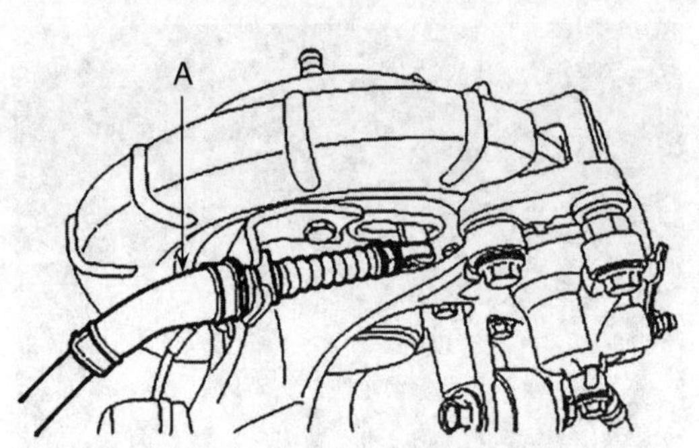

图3-1-27　从后制动器总成分离驻车制动拉线A

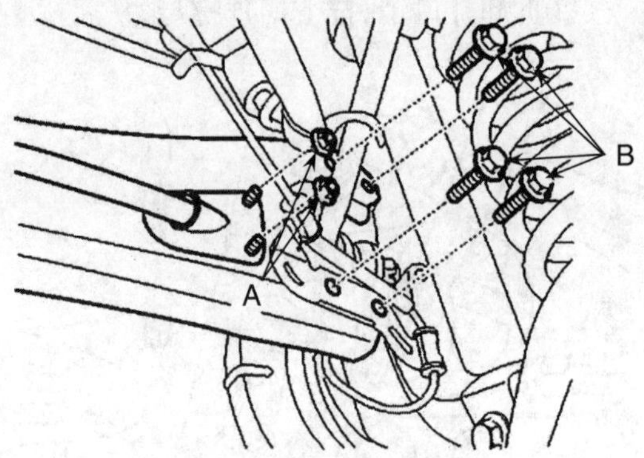

图3-1-28　从后桥拆卸纵臂

④拧下驻车制动拉线支架固定螺栓A和高度传感器支架固定螺栓B，如图3–1–29所示。

⑤拧下固定螺栓，从车架上拆卸纵臂A，如图3–1–30所示。

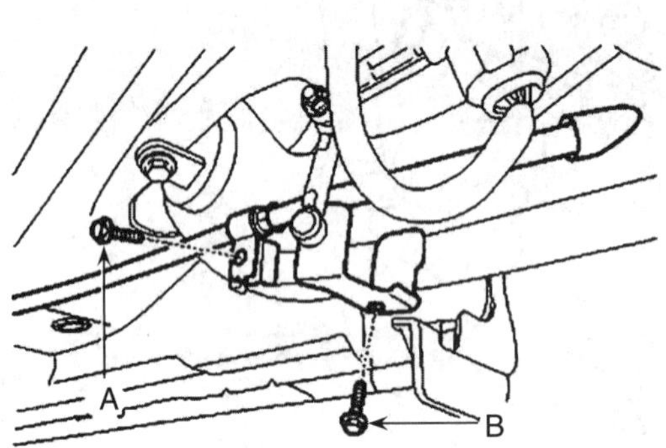

图3-1-29　拧下固定螺栓A和固定螺栓B

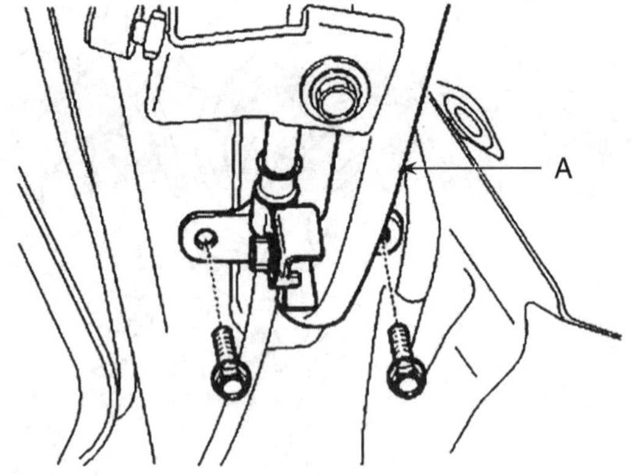

图3-1-30　从车架上拆卸纵臂A

⑥按拆卸时的相反顺序进行安装。

6.后悬梁的更换

①拆卸后车轮和轮胎。

②拆卸后下臂。

③拆卸后减震器。

④拆卸后上臂。

⑤拆卸纵臂。

⑥拆卸后辅助臂。

⑦拆卸后消音器。

⑧拧下固定螺栓和螺母，拆卸后横梁，如图3-1-31、图3-1-32所示。

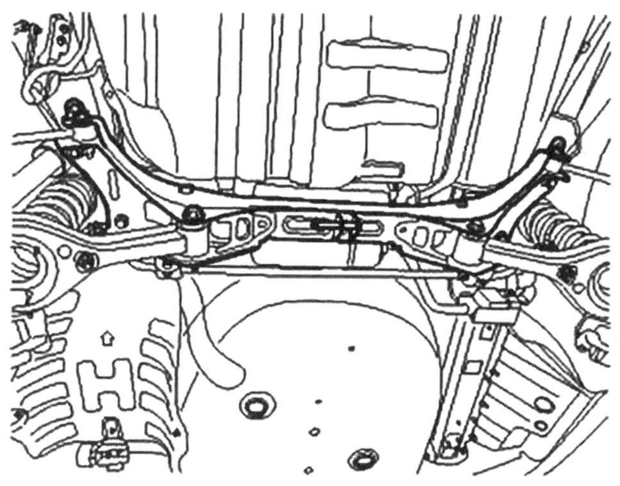

图3-1-31 拆卸后横梁示意图

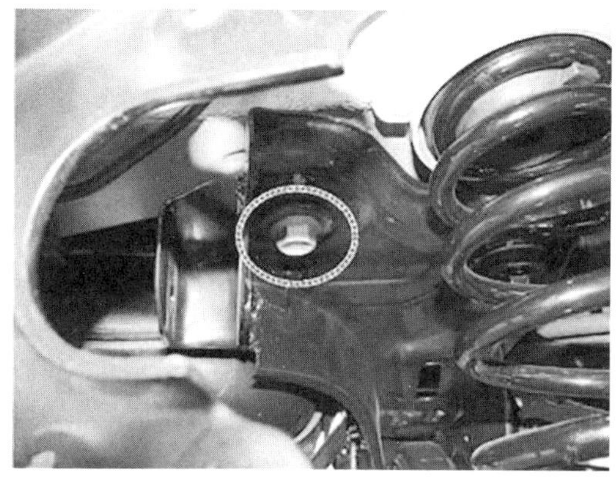

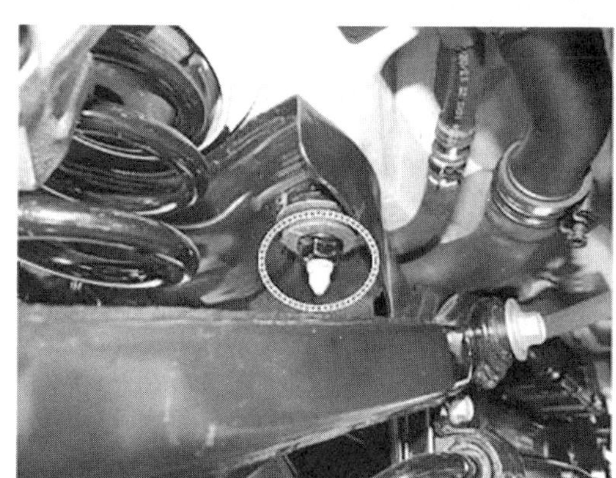

图3-1-32 拆卸后横梁

⑨按拆卸时的相反顺序进行安装。

⑩检查车轮定位。

【任务实施】

悬架认知工作页	
1. 车辆型号:______________________	
2. 写出该车辆的悬架结构和类型	
3. 拆装悬架总成	
拆装悬架总成的关键步骤	所需工具

【任务反馈】

一、小组自查

组员姓名：　　　　　　　　　　　　　　　　　　　　　　　在相应选项打“√”

序号	学习目标	能	不能	什么原因
1	能阐述悬架的类型、结构			
2	能对麦弗逊式独立悬架进行更换与检修			
3	能对多连杆式悬架进行更换与检修			
4	能对悬架总成、减震器等主要部件进行拆装以及常见故障的检修			

二、教师总体评价

1.对该小组同学们的整体评价。(　　)

A.组内学习气氛很好,组长负责。

B.组长能组织组员按要求完成学习任务,________组员能达到学习目标。

C.组内有40%以上的学员不能达到学习目标。

D.组内大部分学员不能达到学习目标。

2.对该组内同学们的单独评价

____

____

三、课后作业

(一)选择题

1.半主动悬架是(　　)可以自动调节的悬架。

A.刚度　　　　B.阻尼　　　　C.刚度和阻尼

2.麦弗逊式悬架属于(　　)悬架。

A.独立　　　　B.非独立悬架

3.悬架总成经检查不合格的,应(　　)。

A.进行焊接修理　　　　B.更换新件　　　　C.做整形处理

(二)判断题

1.悬架是连接车架(或承载式车身)与车桥(或车轮)的传力连接装置。(　　)

2.独立悬架是指两侧车轮刚性地连接在一起,只能共同运动的悬架。(　　)

3.减震器补偿阀和流通阀分别是在拉伸和压缩行程中的卸载阀。(　　)

4.主动悬架是指悬架的刚度、阻尼根据行驶状况不同,可以自动调节的悬架。(　　)

5.烛式悬架属于非独立悬架。(　　)

任务二　车轮动平衡机的使用

【任务目标】

(1)能叙述动平衡的概念及其重要性。
(2)能叙述需要做动平衡的各种情况。
(3)能使用动平衡机对车轮进行校正。

【任务准备】

一、什么是动平衡

汽车的车轮是由轮胎、轮毂组成的一个整体。但由于制造上的原因,使这个整体各部分的质量分布不可能非常均匀。当汽车车轮高速旋转起来后,就会形成动不平衡状态,出现车辆在行驶中车轮抖动、方向盘震动的现象。为了避免出现这种现象或是消除已经发生的这种现象,就可以通过让车轮在动态情况下增加配重的方法,使车轮校正各边缘部分的平衡。这个校正的过程就是人们常说的动平衡。

二、不平衡车轮的影响

(1)胎面会与地面产生不正常的磨损,不平衡量较大处会以磨损的方式将多余量消除。
(2)会加速车轴与轴承的磨损。
(3)会加速悬架和转向系统部件的磨损。
(4)转向轮的震动会导致方向盘的抖动,从而影响驾驶者的舒适性。
(5)最重要的是在高转速时可能影响人身安全,如爆胎、方向不受控制、翻车等。

三、车辆在什么情况下需要做动平衡

(1)行驶在平整的路面上时,感觉到方向盘发抖,车辆跳动,且速度越快越明显。
(2)修补轮胎、更换轮胎或轮毂后。
(3)车轮发生强烈碰撞后。

四、车轮平衡机的结构

(1)控制面板采用薄膜按键,具有良好的防水、防尘、防油、防有害气体侵蚀的特点及性能稳定可靠。如图3-2-1所示。

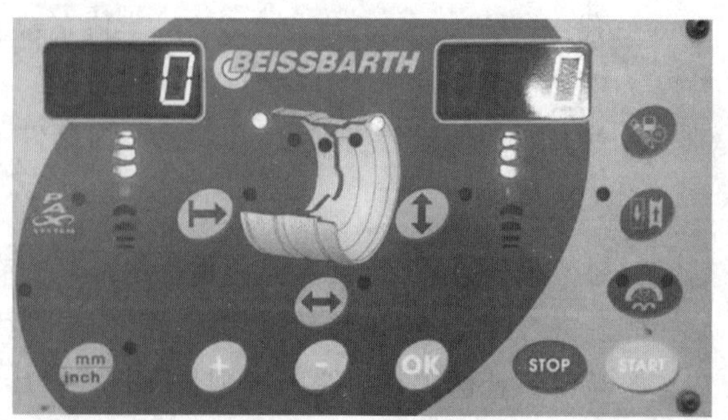

图3-2-1　控制面板图

(2)测量尺:测量机体边缘与车轮内侧距离,单位为厘米,如图3-2-2所示。

(3)宽度测量尺:测量车轮的宽度L,单位为英寸和毫米,如图3-2-3所示。

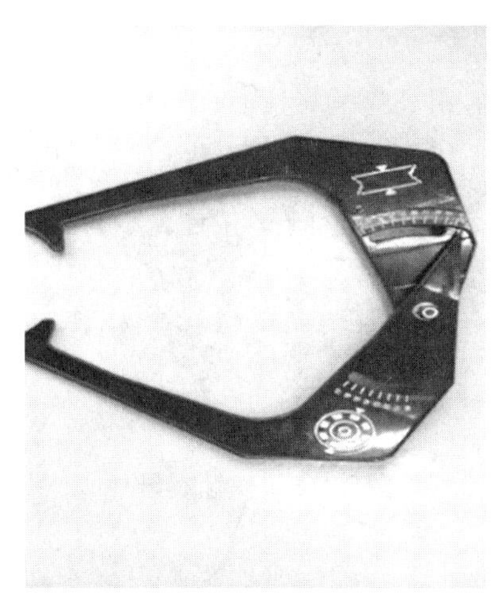

图3-2-2 测量尺

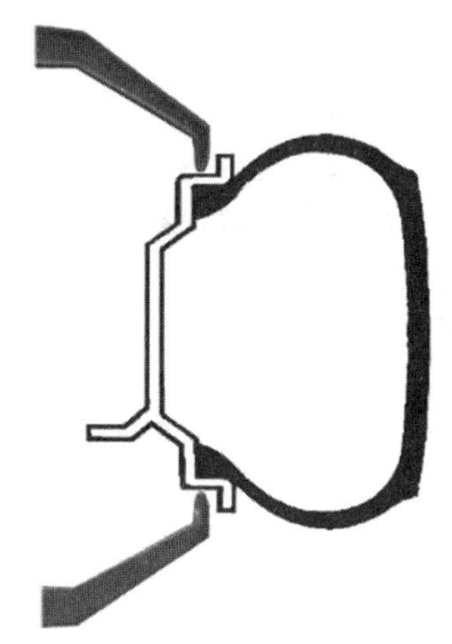

图3-2-3 宽度测量尺

(4)平衡块主要有粘贴式平衡块和卡钩式平衡块两种。粘贴式平衡块,如图3-2-4(a)所示;卡钩式平衡块,如图3-2-4(b)所示。

(a)粘贴式平衡块

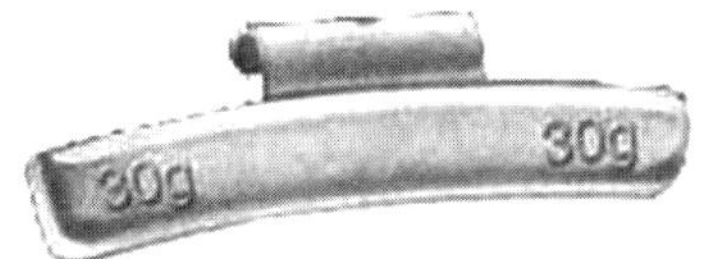

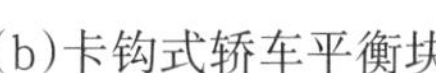

(b)卡钩式轿车平衡块

图3-2-4 平衡块

(5)平衡块拆装钳:拆装卡钩式平衡块、粘贴式平衡块;去处轮胎表面杂质等,如图3-2-5所示。

(6)机箱上盖:遮盖、保护机箱内部零件;盛放平衡块和工具(如平衡块拆装钳),如图3-2-6所示。

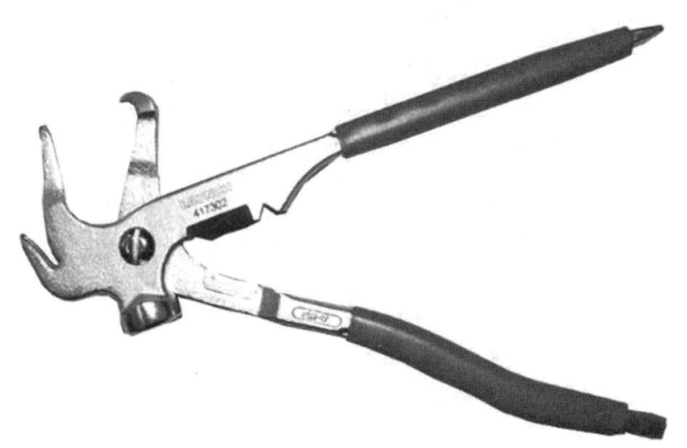

图3-2-5 拆装钳

图3-2-6 机箱上盖

(7)轮罩:保护操作者,以防在工作时,车轮上的石子、平衡块等飞出伤人。每次操作须放下轮罩,放下轮罩时主轴即开始旋转,如图3-2-7所示。

(8)快锁螺母:用于装夹车轮,如图3-2-8所示。

图3-2-7 轮罩

图3-2-8 快锁螺母

五、动平衡机的技术要求与注意事项

(1)清洁机器时,不能用压力太高的压缩空气。

(2)用酒精清洁塑料板和键盘座(避免酒精中含杂质)。

(3)开始轮胎做动平衡之前,确认轮胎安全可靠地锁定在主轴上。

(4)操作人员穿紧身工作服以防挂住,非操作人员不要开动机器。

(5)避免在平衡机周围放置杂物,以免影响正常操作。

六、做动平衡的步骤

(1)清除轮胎上的泥土等杂物,如图3-2-9所示。

(2)使用拆装钳,取下安装在轮辋边缘上的平衡块,如图3-2-10所示。

图3-2-9 清除轮胎上的泥土等杂物

图3-2-10 取下平衡块

(3)使用轮胎气压表,检查轮胎气压是否符合规定要求,如图3-2-11所示。

(4)选择与车轮中心孔匹配的轴心定位锥体安装到平衡旋转轴上,如图3-2-12所示。

图3-2-11 检查轮胎气压

图3-2-12 安装定位锥体

(5)将车轮中心孔对正平衡机旋转轴,车轮安装到平衡旋转轴上,如图3-2-13所示。

(6)将快换螺母旋紧到平衡轴上,如图3-2-14所示。

图3-2-13 安装车轮

图3-2-14 安装快换螺母

(7)打开位于主机箱后侧的电源开关,如图3-2-15所示。

(8)从主机箱右侧拉出“A”距离测量尺,测量主机箱到轮辋边缘的距离,如图3-2-16所示。

图3-2-15 打开电源开关

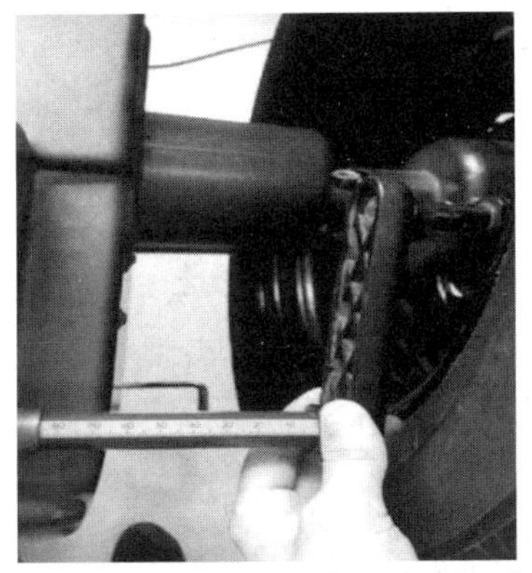

图3-2-16 测量主机箱到轮辋边缘距离

(9)将测量值输入控制面板上的“A”距离设置显器,如图3-2-17所示。

(10)使用宽度测量尺,测量轮辋两边缘间的宽度值,如图3-2-18所示。

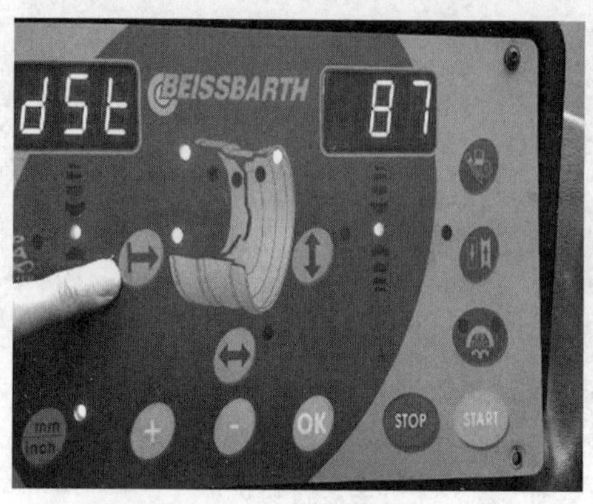

图3-2-17　输入测量值

图3-2-18　测量轮辋边缘宽度

(11)将测量的轮辋宽度值输入控制面板上的宽度设置显示器,如图3-2-19所示。

(12)查找位于轮胎胎侧上的轮胎规格,确定轮辋直径,如图3-2-20所示。

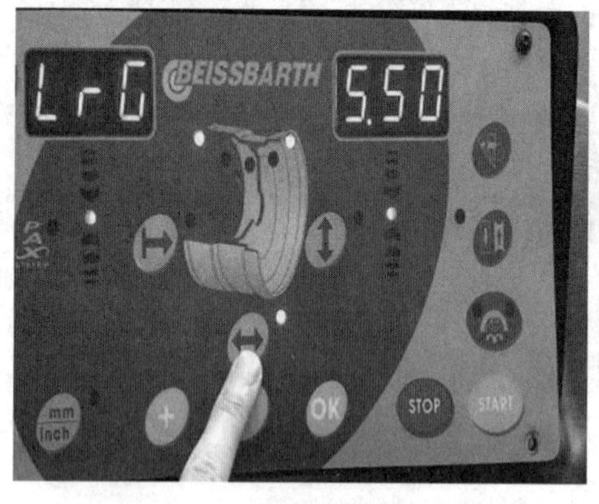

图3-2-19　输入轮辋宽度值

图3-2-20　查找轮胎规格

(13)将轮辋直径输入控制面板上的直径设置显示器,如图3-2-21所示。

(14)拉下防护罩,罩在轮胎上方。平衡旋转轴自动旋转,如图3-2-22所示。

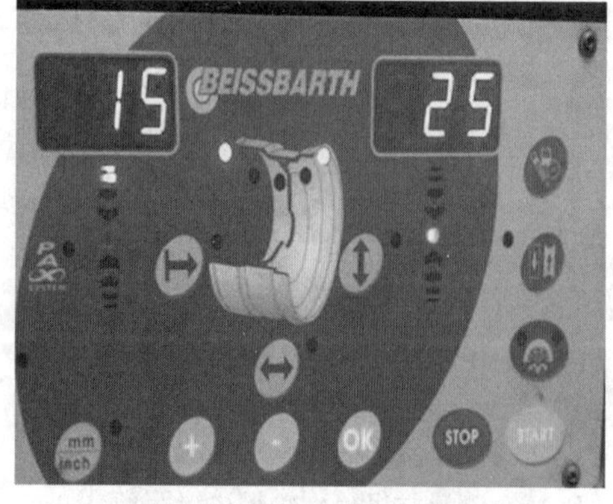

图3-2-21　输入轮辋直径

图3-2-22　拉下防护罩

（15）待平衡旋转轴停转后，控制面板上的数值显示屏显示的数字即为轮胎的不平衡量，如图3-2-23所示。

（16）抬起防护罩后，用手缓慢转动轮胎，当其中一组不平衡点定位指示灯变绿时，停止转动轮胎，如图3-2-24所示。

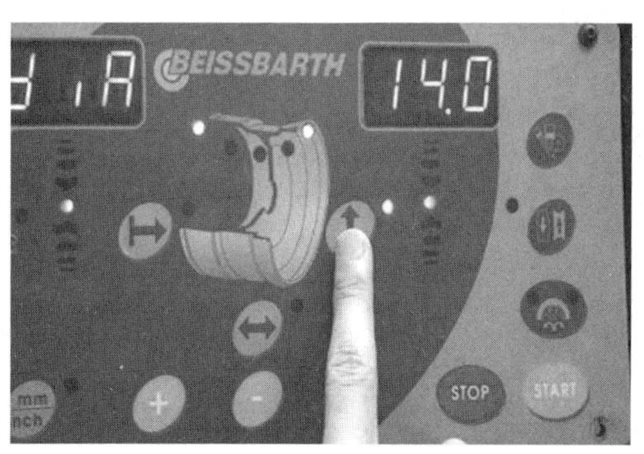

图3-2-23　记录轮胎不平衡量

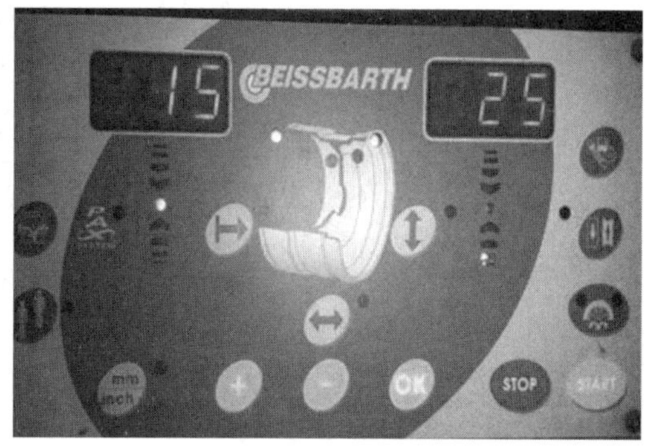

图3-2-24　查找不平衡点

（17）根据显示器显示的数值，选择相应质量的平衡块，如图3-2-25所示。

（18）使用拆装钳，将相应质量的平衡块安装到轮辋外侧最高点的边缘上，如图3-2-26所示。

图3-2-25　选择平衡块

图3-2-26　安装轮辋外侧平衡块

（19）再次用手缓慢转动轮胎，确定轮辋另一侧的不平衡点位置，如图3-2-27所示。

（20）根据显示器显示的数值，选择相应质量的平衡块，然后使用拆装钳，将平衡块安装在轮辋内侧最高点的边缘上，如图3-2-28所示。

图3-2-27　确定不平衡点位置

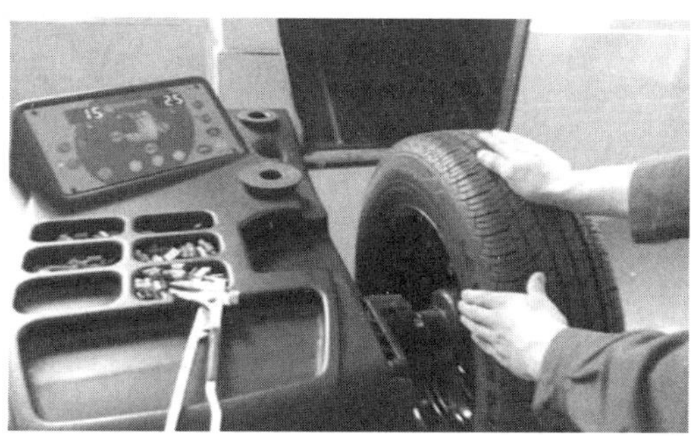

图3-2-28　安装轮辋内侧平衡块

(21)落下防护罩,平衡轴自动旋转,如图3-2-29所示。

图3-2-29　落下防护罩

(22)待平衡轴停转后,观察控制面板上的数值显示屏,是否显示轮辋两侧的数据均为“00”。如果显示数据均为“00”,则车轮动平衡检测完毕;如果显示数据不为“00”,则重复上述操作步骤,直到显示数据均为“00”为止,如图3-2-30所示。

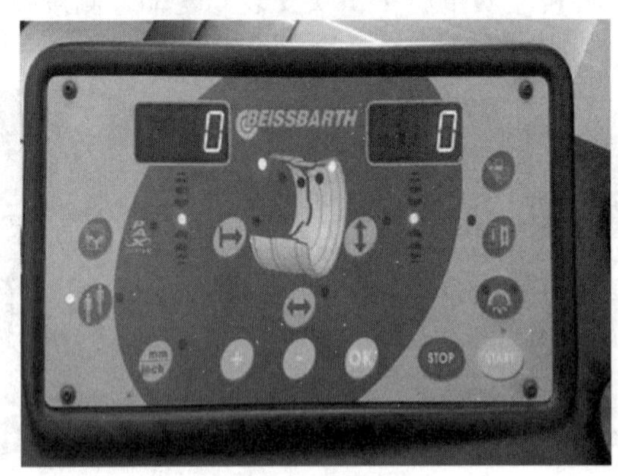

图3-2-30　观察数值

(23)关闭电源,整理工位,如图3-2-31所示。

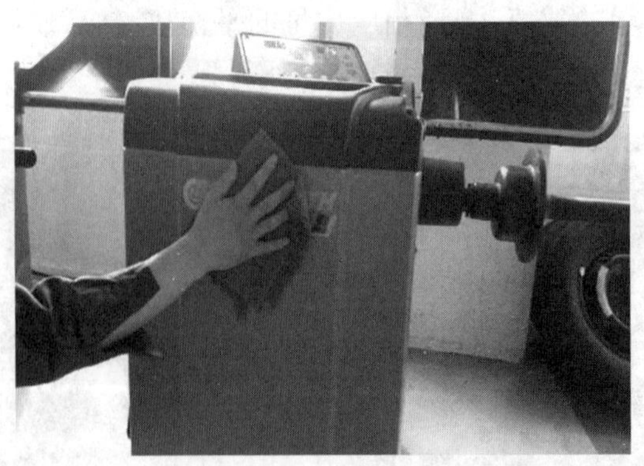

图3-2-31　整理工位

【任务实施】

车轮动平衡机工作页	
检测与调整车轮动平衡的关键步骤及所需工具	
检测与调整车轮动平衡的关键步骤	所需工具

【任务反馈】

一、小组自查

组员姓名：　　　　　　　　　　　　　　　　　　　　　　　　　　在相应选项打"√"

序号	学习目标	能	不能	什么原因
1	能叙述动平衡的概念及其重要性			
2	能叙述需要做动平衡的各种情况			
3	能使用动平衡机对车轮进行校正			

二、教师总体评价

1.对该小组同学们的整体评价。(　　)

A.组内学习气氛很好,组长负责。

B.组长能组织组员按要求完成学习任务,＿＿＿＿＿组员能达到学习目标。

C.组内有40%以上的学员不能达到学习目标。

D.组内大部分学员不能达到学习目标。

2.对该组内同学们的单独评价

＿＿＿＿＿＿＿＿＿＿＿＿＿＿＿＿＿＿＿＿＿＿＿＿＿＿＿＿＿＿＿＿＿＿

＿＿＿＿＿＿＿＿＿＿＿＿＿＿＿＿＿＿＿＿＿＿＿＿＿＿＿＿＿＿＿＿＿＿

三、课后作业

(一)选择题

1.转向轮的震动会导致方向盘的抖动,从而影响汽车的(　　)。

A.舒适性　　B.动力性　　C.制动性　　D.安全性

2.车轴与轴承的磨损主要由(　　)引起的。

A.轮胎气压低　　B.车轮不平衡　　C.轮胎气压高　　D.爆胎

3.开始轮胎平衡之前,确认轮胎安全可靠地锁定(　　)上。

A.齿轮　　B.主轴　　C.传动轴　　D.中间轴

(二)判断题

1.车轮不平衡会加速车轴与轴承的磨损。(　　)

2.车轮发生强烈碰撞后需要做动平衡。(　　)

3.行驶在平整的路面上时,感觉到方向盘发抖,车辆跳动,而且速度越快越明显,不需要做车轮动平衡。(　　)

4.修补轮胎、更换轮胎或轮毂后,不需要做动平衡。(　　)

5.车轮不平衡会加速悬架和转向系统部件的磨损。(　　)

任务三　轮胎拆装机的使用

【任务目标】

(1)能阐述轮胎拆装机的作用及分类。

(2)能阐述轮胎拆装机的组成。

(3)能操作轮胎拆装机。

【任务准备】

一、什么是轮胎拆装机

轮胎拆装机也叫扒胎机、拆胎机。轮胎拆装机是在汽车维修时辅助拆卸、安装汽车轮胎的汽车维修设备,使得维修技师在汽车维修过程中能更方便顺利地拆装轮胎。目前轮胎拆装机种类众多,有气动式跟液压式两种,最常用的是气动式拆胎机。

二、轮胎拆装机的组成

轮胎拆装机是由分离铲、工作台、升降杆、拆装器、立柱、机座、脚踏板等部分组成的。

(1)脚踏板:在轮胎拆装机的下面有4个脚踏板开关,分别作用是:顺时针、逆时针旋转开关,分离加紧开关,分离轮辋和轮胎开关,操作工作台如图3-3-1所示。

(2)工作台:轮胎主要是在这个台上被拆的,主要起到放置轮胎、旋转等作用。

(3)分离铲:在轮胎拆装机的一侧,主要是用来将轮胎与轮辋分离,使拆胎顺利进行。

(4)卡爪:压紧与伸缩轮胎。

(5)机座:用于支持各个零部件与轮胎,如图3-3-2所示。

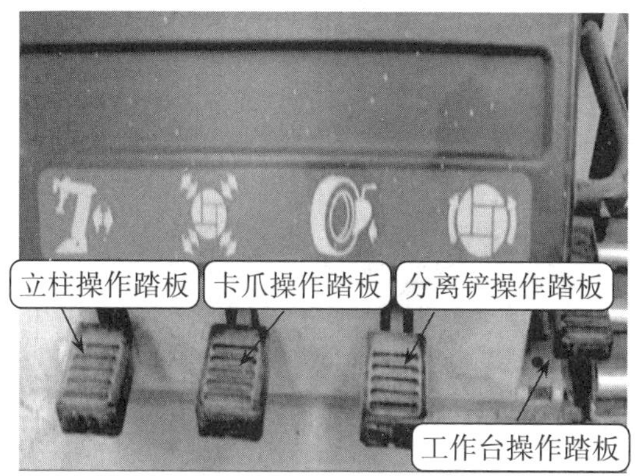

图3-3-1　拆胎机踏板作用

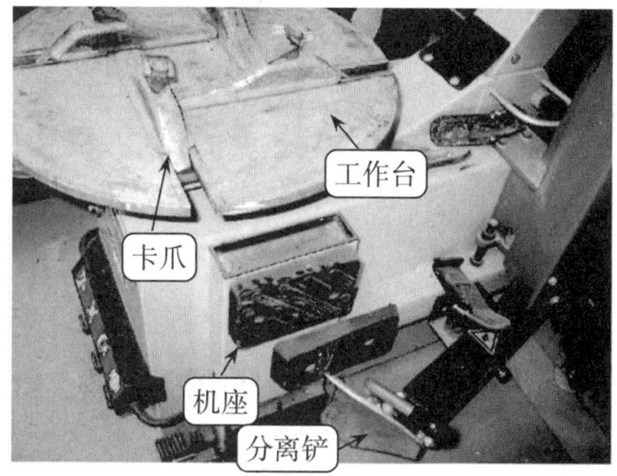

图3-3-2　轮胎拆装机各零部件

(6)拆装器:将轮缘与胎分离,如图3-3-3所示。

(7)升降杆:松开与压紧轮胎,以便于轮缘与胎分离。

(8)立柱:支持作用,如图3-3-4所示。

图3-3-3　拆装器分离轮缘与胎

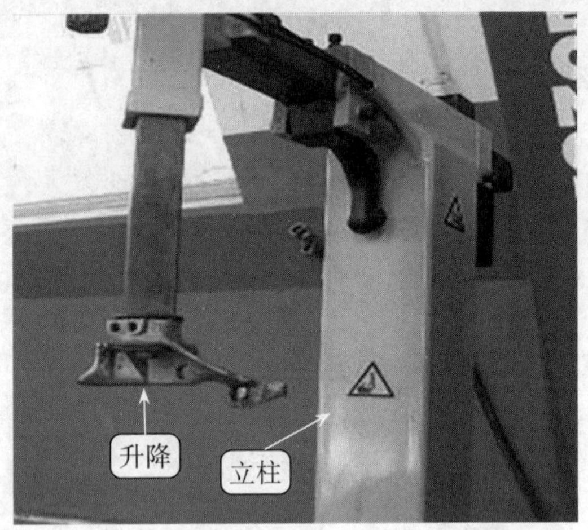

图3-3-4　立柱

(9)充放气装置:主要起到将轮胎的气放掉便于拆装和充气的作用,另外还有测量气压的气压表。一般的轮胎气压在0.2 MPa左右,如图3-3-5所示。

图3-3-5　测量轮胎气压

(10)润滑剂:利于轮胎的拆装,减少轮胎拆装过程中发生损害,使轮胎拆装工作更好地完成。

三、轮胎拆卸操作步骤

(1)首先对轮胎进行放气处理,如图3-3-6所示。

(2)清除车轮上的杂物和平衡块,以免发生危险,如图3-3-7所示。

图3-3-6 轮胎放气

图3-3-7 清除杂物

(3)将轮胎垂直放在分离铲与机座橡胶垫之间,把分离铲移向轮胎,踩下分离铲踏板,分离铲在气体压力作用下使轮胎松动,如图3-3-8所示。(注意:轮胎要垂直放置,防止分离铲损伤轮辋。)

(4)将轮辋固定在工作盘上(注意轮辋正面朝上),如图3-3-9所示。

图3-3-8 分离轮胎

图3-3-9 固定轮辋

(5)在轮辋边缘涂少许润滑剂。按下升降杆,使拆装器接触轮辋边缘。

(6)以拆卸器的一端为支点,用杠杆撬起轮胎外缘,踩下工作盘旋转踏板,使工作盘和轮

胎一起旋转,使轮胎上缘脱离轮辋,如图3-3-10所示。

(7)用同样的方法把轮胎下边缘也拆下,使轮胎与轮辋彻底脱离,如图3-3-11所示。

图3-3-10 撬起轮胎外缘

图3-3-11 分离轮胎与轮辋

四、轮胎安装的操作步骤

(1)轮辋放到工作台上并卡紧,如图3-3-12所示。

(2)在轮胎唇边涂少许润滑剂,将轮胎下缘一部分套装在轮辋上,踩下立柱操作踏板后按下升降杆,使升降杆靠近轮辋边缘,用手按住轮胎,踩下工作台操作踏板,转动轮胎,使轮胎下缘安装在轮辋上。

(3)用同样的方法把轮胎上缘也装到轮辋上。特别在装轮胎上边缘时,注意要边转边压。如图3-3-13所示。

(4)安装完毕后对轮胎做动平衡。

图3-3-12 固定轮辋

图3-3-13 安装轮胎

五、操作注意事项

(1)安装和拆卸轮胎时,为了不损伤轮辋特别是铝合金轮辋,必须使用专用的轮胎撬杠。

(2)为了方便轮胎的拆卸和保护轮胎及轮辋,在轮胎和轮辋之间,务必要使用工业润滑剂或浓肥皂水进行润滑。

(3)对于某些类型的轮胎,要注意轮胎外侧壁的凸缘和轮胎上标出的转动方向。

(4)所安装的轮胎尺寸应与轮辋尺寸相一致。

(5)在安装和拆卸轮胎之前要检查轮辋是否受过损伤(变形或轮辋外缘的表面受损;轮辋轴向或径向的跳动过大;腐蚀或整体磨损)。

(6)在任何情况下,要注意轮胎制造商对专用轮胎的安装和拆卸的要求。

(7)在给轮胎充气的时候要使轮胎内的压力均匀增加,并且注意胎缘状态。

【任务实施】

轮胎拆装机的使用工作页	
拆装轮胎的关键步骤及所需工具	
拆装轮胎的关键步骤	所需工具

【任务反馈】

一、小组自查

组员姓名：　　　　　　　　　　　　　　　　　　　　　　　　在相应选项打“√”

序号	学习目标	能	不能	什么原因
1	能阐述轮胎拆装机的作用及分类			
2	能阐述轮胎拆装机的组成			
3	能操作轮胎拆装机			

二、教师总体评价

1.对该小组同学们的整体评价。(　　)

A.组内学习气氛很好，组长负责。

B.组长能组织组员按要求完成学习任务，________组员能达到学习目标。

C.组内有40%以上的学员不能达到学习目标。

D.组内大部分学员不能达到学习目标。

2.对该组内同学们的单独评价

____

____

三、课后作业

(一)选择题

1.轮胎拆装机的作用有(　　)。

A.拆轮胎　　　B.装轮胎　　　C.轮胎放气

2.轮胎拆装机的类型有(　　)。

A.气动式　　　B.力矩式　　　C.液压式　　　D.机械式

3.操作注意事项正确的是(　　)。

A.所安装的轮胎尺寸应与轮辋尺寸相一致

B.在给轮胎充气的时候要使轮胎内的压力可以快速增加

C.在轮胎和轮辋之间，务必要使用工业润滑剂或浓肥皂水进行润滑

D.操作人员必须经过培训，合格后方能操作轮胎拆装机

(二)判断题

1.为了方便轮胎的拆卸和保护轮胎及轮辋，在轮胎和轮辋之间，务必要使用工业润滑剂或浓肥皂水进行润滑。(　　)

2.在安装和拆卸轮胎之前要检查轮辋是否受过损伤。(　　)

3.在给轮胎充气的时候要使轮胎内的压力均匀增加，并且注意胎缘状态。(　　)

4.安装和拆卸轮胎时，为了不损伤轮辋特别是铝合金轮辋，必须使用专用的轮胎撬杠。(　　)

5.轮胎安装完毕，无须对轮胎进行动平衡。(　　)

任务四 轮胎的修补

【任务目标】

(1)能叙述补胎的常见方法。

(2)能够用贴片内补的方法进行补胎。

(3)能养成良好的职业习惯。

【任务准备】

一、轮胎修补种类

轮胎的修补有三种常见的方法,传统穿胶条方法、内补贴片、蘑菇钉补胎。

1.传统穿胶条方法(打针)

这是一种比较原始、简单的补胎方法,原理就是将一种涂满胶水的"橡胶条"填充进被扎穿的洞内即可,操作简单成本极低,不用分离轮胎轮毂。弊端在于破损的洞往往不大,相比之下为了将比较粗的胶条穿入,需要用锥子等硬物将原本不大的洞口"撑大",扩大受损面积以方便胶条填充。如图3-4-1、图3-4-2所示。

图3-4-1 橡胶条

图3-4-2 扩孔

早年间这种补胎方法很普遍,目前仍有部分商家沿用这种方法,不过多数维修站早已摒弃了这样的补胎方式。虽然成本极低,补胎价格不超10元,但是无形中扩大了损伤面积,并且当夏季温度较高时,胶条容易融化分离,高速颠簸中有可能出现弹出的情况。另外,胶条本身直接接触外界,长时间可能老化变形,容易出现漏气现象。同时,各个维修店的工艺参差不齐,胶条质量也千差万别,因此不推荐使用。

2.内补贴片

这是目前最常用的一种方法,目前绝大多数补胎店都在使用这种方法。在确定轮胎被扎穿之后,将轮胎内侧破损处进行打磨处理,将表层不易粘贴的保护层打磨粗糙,如图3-4-3

所示。然后吸尘，将破损处及周围涂抹一些专用补胎胶水，将补胎用的贴片粘在破损处同时碾压牢固，再附上一层胶，补胎就完成了，如图3-4-4所示。

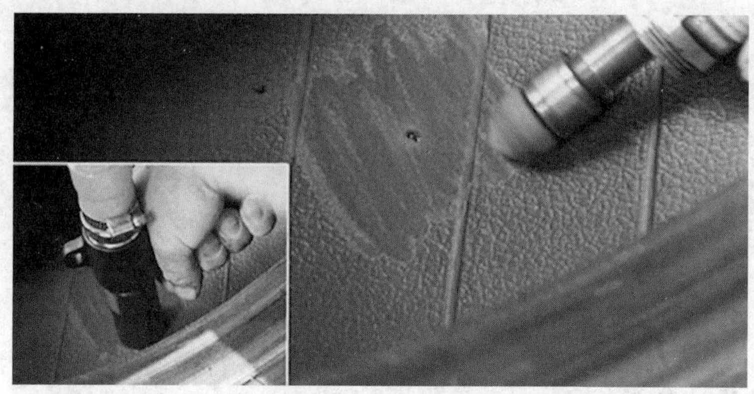

图3-4-3 打磨内壁

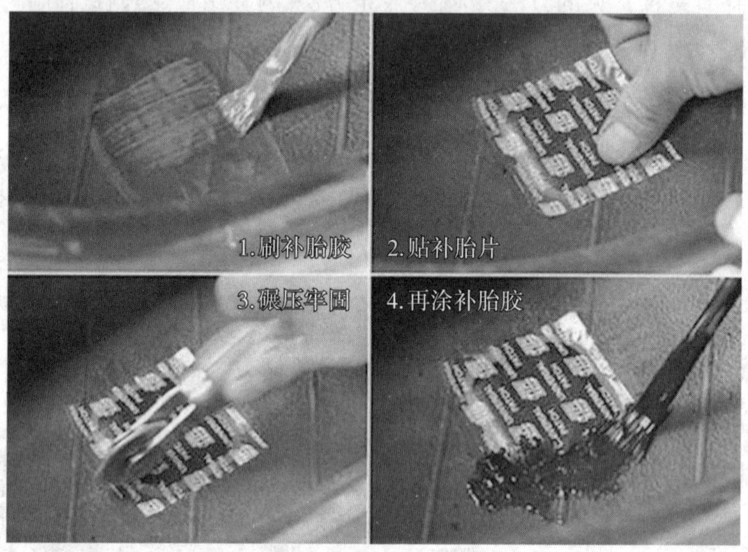

图3-4-4 内补贴片

这种补胎方法是目前使用比较广泛的一种，根据破损大小选择不同大小的贴片，完成一次补胎的价格在20~80元区间(各地消费存在差异，贴片质量也大有不同)，并且效果不错，安全系数也很高。弊端在于需要分离轮胎、轮毂，相对来说比较费时，并且补胎完成后需要进行动平衡。同时完成胎内修补后，从轮胎表面来看，原来的破损还在，雨水泥沙等还会通过损伤处腐蚀轮胎，所以即便补胎完成仍然要勤观察。

3.蘑菇丁补胎

目前来说，采用蘑菇钉补胎是最先进的一种补胎技术方法。之前的准备工作和内补贴片是完全一样的，同样需要分离轮胎、轮毂，打磨，吸尘，涂胶等一系列工序，只是贴补环节由贴片内补换成了一个类似于蘑菇形状的橡胶钉，橡胶钉从内侧沿破损处穿出轮胎，不仅内部进行了贴补，橡胶钉也可以完全填补受损的部位，对于受损胎面中的钢丝层、帘布层和胎面腐蚀有很好的保护，如图3-4-5、图3-4-6、图3-4-7所示。

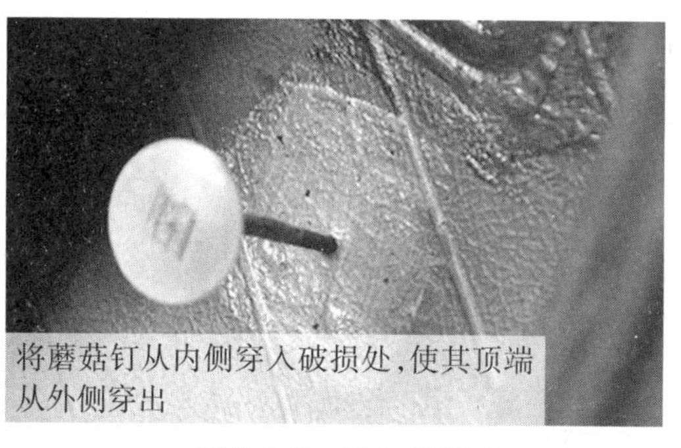

图3-4-5　传入蘑菇钉

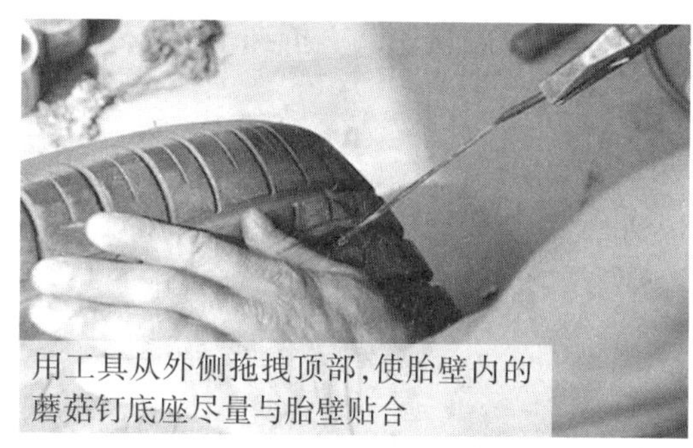

图3-4-6　拖拽蘑菇钉

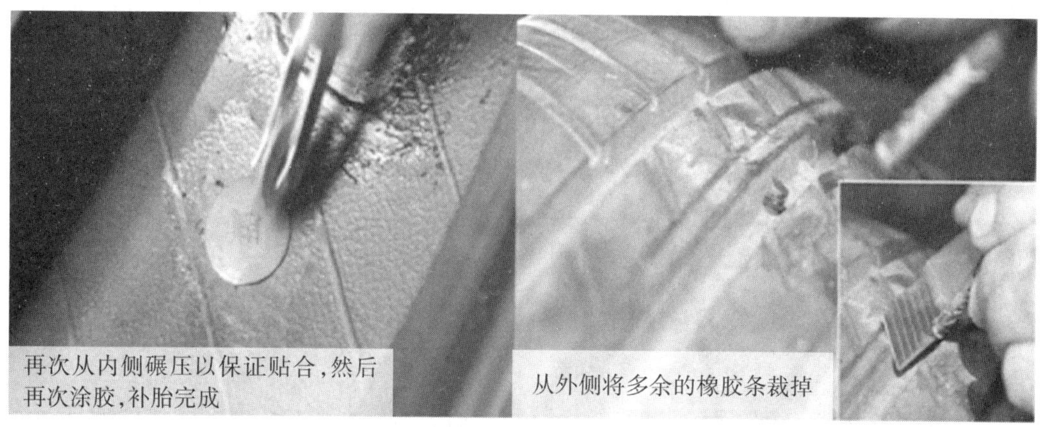

图3-4-7　涂胶

由于蘑菇钉补胎的价位较高，市场价在150元上下，出于养护成本的原因，中高档车型更适合使用这种方法，相对安全并且修补彻底。弊端在于价格高，并且对于伤口有一定的要求，毕竟蘑菇钉的直径是有限的，一些不规则的或是较大的伤口就不适合蘑菇钉修补了。

以下是三种补胎方式的价格与时间（各地区的物价略有不同，此价格仅作参考），见表3-4-1。

表3-4-1　补胎价格与时间

市面上常见补胎方法价格（仅供参考）			
类型	传统穿胶条方法	内补贴片	蘑菇钉
价格	10元	20-80元（已使用胶片的质量来确定价格）	150元
用时	5分钟	20分钟	20分钟

显然，传统穿胶条方法存在安全方面的隐患，就算经济性好而且快捷也不予采用。第二种贴片式的方法性价比较高，是目前被广泛使用的。当然条件允许的情况下蘑菇钉补胎自然是最好的选择。

二、轮胎的修补过程

(1)在轮胎外部扎穿物处做十字记号,如图3–4–8所示。

(2)把轮胎从轮辋上拆卸下后检查轮胎内部气密层,找到钉子并用笔做十字记号,如图3–4–9所示。

图3-4-8　轮胎外部做标记

图3-4-9　轮胎内部做标记

(3)拔出扎穿物,然后把穿透处及其周围用干净不粘绒的布擦干净,如图3–4–10所示。

(4)选择合适规格的补片,并在气密层扎穿部位画出打磨区域,如图3–4–11所示。

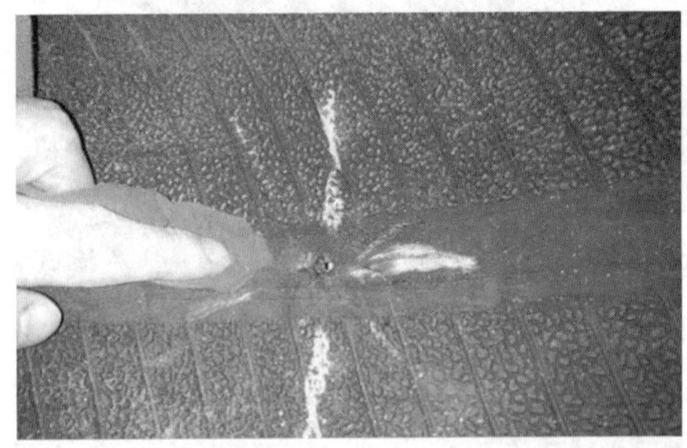

图3-4-10　擦净穿透处

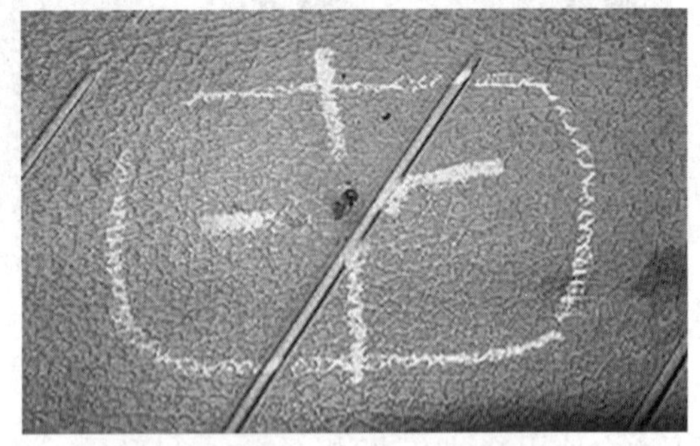

图3-4-11　画打磨区

(5)打磨气密层(磨平任何的凸起处)并清除橡胶粉末,如图3–4–12所示。

(6)打磨完毕后,挤出一点硫化黏合剂先涂于扎穿的洞眼,然后再扩展到打磨的区域,需要停留一定时间使黏合剂变干,如图3–4–13所示。

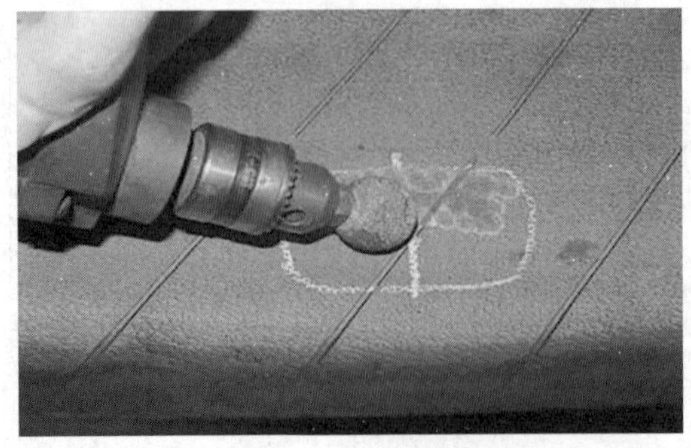

图3-4-12　打磨气密层

图3-4-13　涂硫化黏合剂

(7)粘贴补片到打磨区域,补片中心对准伤口中心后用滚轮由补片中央向外面压实滚动使其完全贴合于气密层,如图3-4-14所示。

(8)在补片周围涂上密封胶,如图3-4-15所示。

(9)安装轮胎并检查漏气。

图3-4-14 贴补片

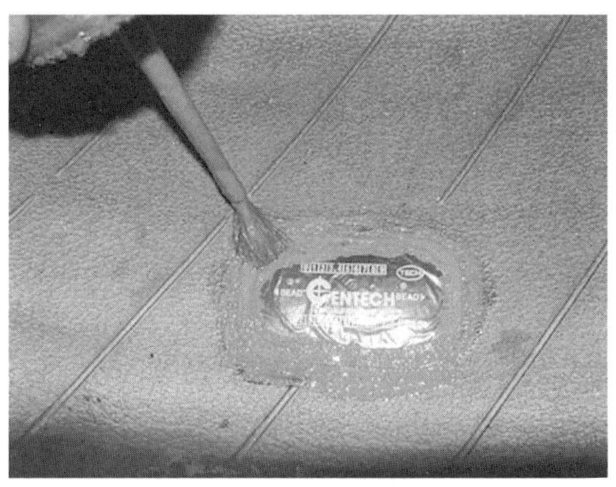

图3-4-15 涂密封胶

【任务实施】

<table>
<tr><td colspan="2">修补轮胎工作页</td></tr>
<tr><td colspan="2">修补轮胎的关键步骤及所需工具</td></tr>
<tr><td>修补轮胎的关键步骤</td><td>所需工具</td></tr>
<tr><td></td><td></td></tr>
</table>

【任务反馈】

一、小组自查

组员姓名：　　　　　　　　　　　　　　　　　　　　在相应选项打"√"

序号	学习目标	能	不能	什么原因
1	能叙述补胎的常见方法			
2	能够用贴片内补的方法进行补胎			
3	能养成良好的职业习惯			

二、教师总体评价

1.对该小组同学们的整体评价。(　　)

A.组内学习气氛很好,组长负责。

B.组长能组织组员按要求完成学习任务,________组员能达到学习目标。

C.组内有40%以上的学员不能达到学习目标。

D.组内大部分学员不能达到学习目标。

2.对该组内同学们的单独评价

____

____

三、课后作业

(一)选择题

1.目前市场最常用哪种补胎方法?(　　)

A.蘑菇钉方法　　B.传统穿胶条方法　　C.内补贴片

2.市场补胎的价位不正确的是(　　)。

A.传统穿胶条方法一般10元　　B.内补贴片一般20~80元　　C.蘑菇钉一般50元

3.哪些补胎特点是正确的?(　　)

A.传统穿胶条方法——价格低操作方便

B.内补贴片——可靠性强、价格适中

C.蘑菇丁补胎——可靠性强、安全性高

(二)判断题

1.轮胎的修补有三种常见的方法,传统穿胶条方法、内补贴片、蘑菇钉补胎。(　　)

2.传统穿胶条方法操作简单,成本极低,不用分离轮胎轮毂。(　　)

3.一些不规则的或是较大的伤口不适合蘑菇钉修补。(　　)

4.轮胎修补完成并安装之后,需要检查漏气。(　　)

5.传统穿胶条方法存在安全方面的隐患。(　　)

任务五　车轮定位测量及调整

【任务目标】

(1)能叙述四轮定位的概念及其重要性。

(2)能掌握四轮定位仪的使用方法。

(3)能掌握调整车辆前轮前束的方法。

(4)能分析车轮定位数据不正常导致的故障现象。

(5)能制订车轮定位的测量与调整计划。

【任务准备】

一、什么是四轮定位

四轮定位是以车辆的四轮参数为依据,通过调整以确保车辆良好的行驶性能并具备一定的可靠性。

汽车的转向车轮、转向节和前轴三者之间的安装具有一定的相对位置,这种具有一定相对位置的安装叫作转向车轮定位,也称前轮定位。前轮定位包括主销后倾(角)、主销内倾(角)、前轮外倾(角)和前轮前束四个内容。这是对两个转向前轮而言,对两个后轮来说也同样存在与后轴之间安装的相对位置,称后轮定位。后轮定位包括车轮外倾(角)和逐个后轮前束。这样前轮定位和后轮定位总起来说叫四轮定位。

二、四轮定位的内容

1.主销后倾(角)

转向主销后倾角是指从车辆正面看在转向轮上转向主销线与铅垂直线的夹角。主销安装到前轴上,且其后上部略向后倾,称为主销后倾。主销后倾的作用是保持汽车直线行驶的稳定性,并使汽车转弯后能自动回正。后倾角越大,车速越高,车轮的稳定性越强。但是后倾角过大会造成转向沉重,所以主销后倾角不宜过大,一般为2°~3°。目前汽车为了提高行驶速度,普遍采用扁平低压胎,轮胎变形增加,稳定性增加,因此主销后倾角可以减小甚至接近于零,有的更为负值。如图3-5-1所示。

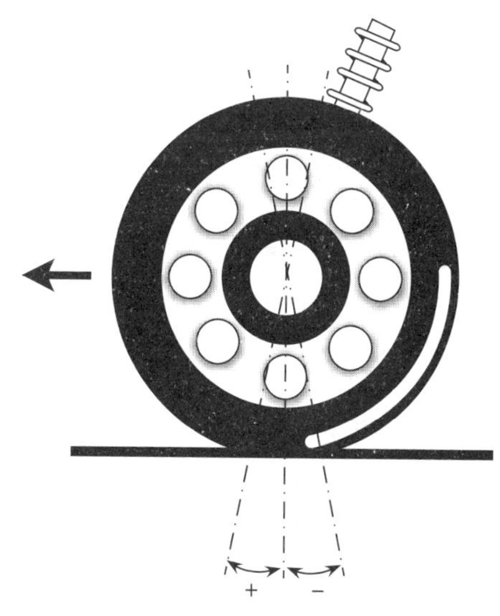

图3-5-1　主销后倾(角)

2.主销内倾(角)

主销安装到前轴上,且其后上部略向内倾,称为主销内倾,主销内倾的作用是使车轮转向后能自动回正,且操纵轻便。内倾角一般为5°~8°。

主销后倾与主销内倾都有使汽车转向后自动回正、保持汽车直线行驶的作用,二者主要的区别在于主销后倾的回正作用与车速有关,而主销内倾的回正作用与车速无关。高速时后倾的回正作用大,低速时主要靠内倾的回正作用。直线行驶时车轮偶尔遇到冲击而偏转时,也主要靠主销内倾的回正作用。如图3-5-2所示。

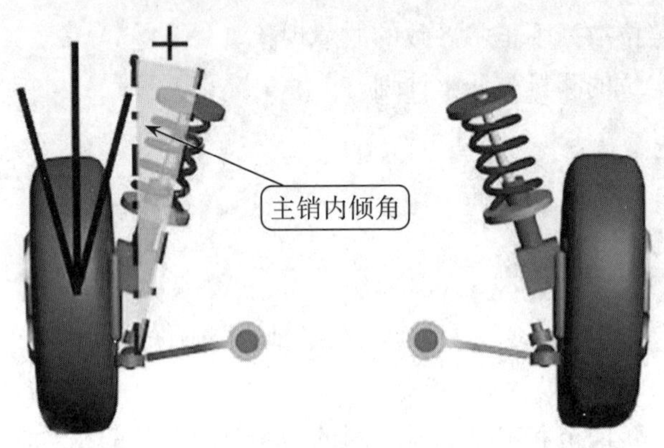

图3-5-2 主销内倾(角)

3.前轮外倾(角)

前轮旋转平面上略向外倾斜,称为前轮外倾。作用是为了提高转向操纵的轻便性和车轮行驶的安全性。前轮外倾与主销内倾相配合能使汽车转向轻便。前外倾角一般为1°。外倾角不宜过大,否则会使轮胎产生偏磨损。如图3-5-3所示。

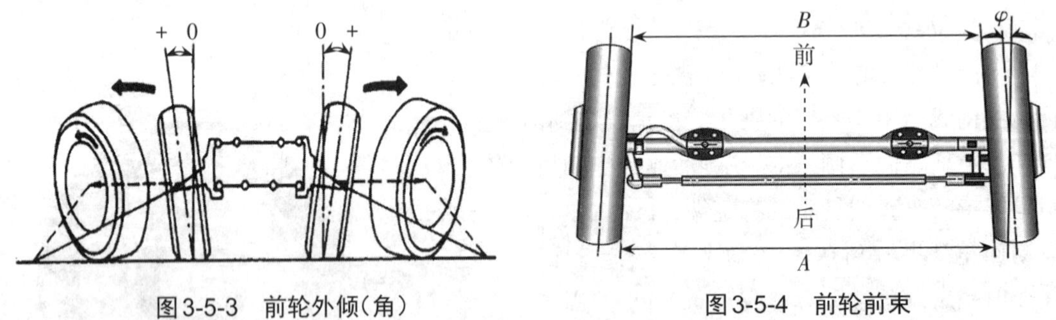

图3-5-3 前轮外倾(角)　　图3-5-4 前轮前束

4.前轮前束

俯视车轮,汽车的两个前轮的旋转平面并不完全平行,而是稍微带一些角度,这种现象被称为前轮前束。前轮前束的作用是消除车轮外倾引起的前轮“滚锥效应”。$A-B$即为前束值,前轮前束(俯视图),如图3-5-4所示。

三、四轮定位仪的组成

本书以博世公司百斯巴特四轮定位仪 ML8R Tech 为例进行讲解。

四轮定位仪的组成：字母式举升机、定位仪、刹车锁、方向盘锁、传感器、卡具、转角盘、滑板等。

（1）字母式举升机：四轮定位主要在这个举升机上进行检测调整。

测量区域的水平检查：保证车轮与举升机接触的四个点（转角盘、后滑板）都处在同一水平面上是非常重要的，必须使用专用水准仪进行检查和调整。

允许高度偏差：左右之间，max±1 mm；前后之间，max±2 mm；对角线，max±2 mm；如图 3-5-5 所示。如需要，可用适当材料垫在转角盘或后滑板下，以纠正水平偏差。

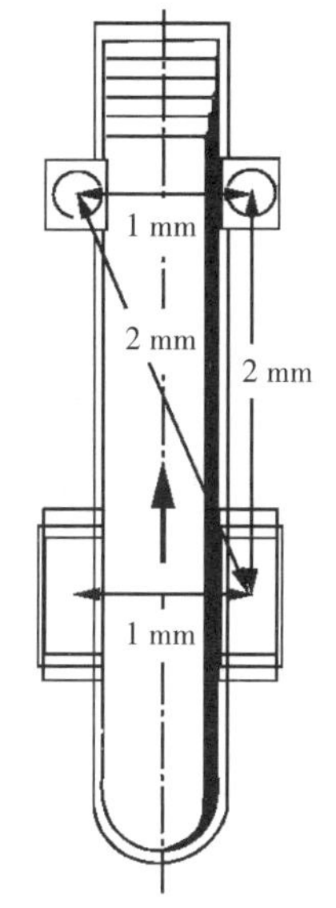

图3-5-5 测量区域水平检查

注意：当与举升机配合使用该设备时，应在举升机位于地面（测量工作面）和升起（调整工作面）情况下保证举升机的水平。

（2）定位仪：电脑主机的安装、传感器的安装，主要起到传感器充电、四轮定位的程序操作、数据的收集以及分析等作用。如图 3-5-6 所示。

（3）刹车锁：主要是用来防止定位调整过程中车辆移动。如图 3-5-7 所示。

图3-5-6 定位仪

图3-5-7 刹车锁

(4)方向盘锁:主要是用来防止定位调整过程中方向盘的偏移导致调整过后方向往某一个方向偏移。如图3-5-8所示。

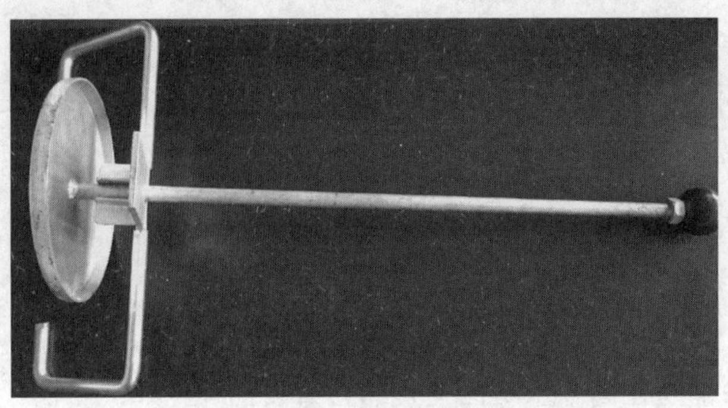

图3-5-8 方向盘锁

(5)传感器:用于数据的采集,主要分为有线和无线两种。

传感器说明,如图3-5-9和图3-5-10所示。

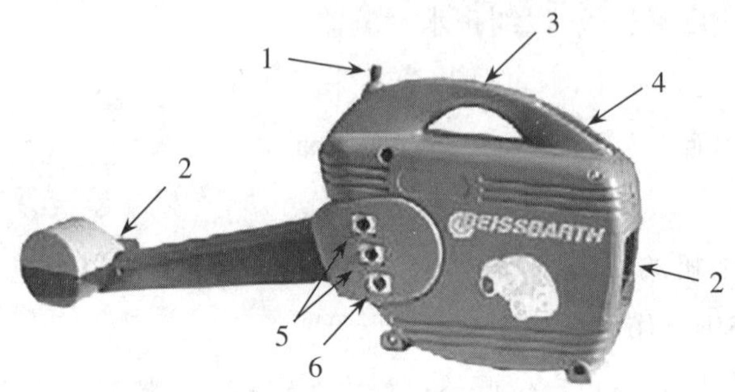

1-天线;2-CCD镜头;3-水平气泡;4-操作面板;5-通信电缆插口;6-转角盘电缆插口

图3-5-9 传感器

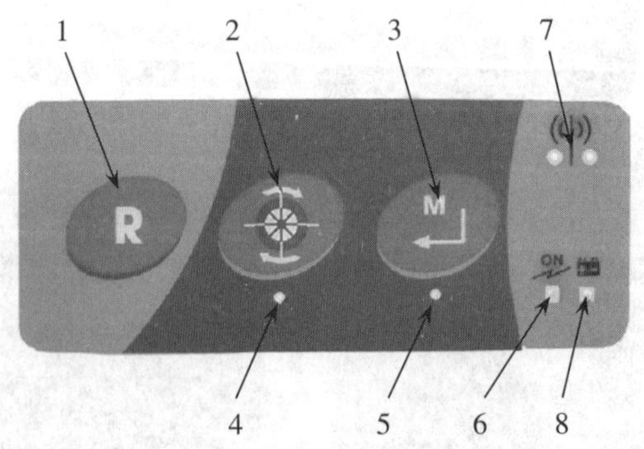

1-复位激活键;2-钢圈偏位补偿键;3-偏位补偿计算键;4-偏位补偿指示灯;5-计算键指示灯;6-电源指示灯;7-无线电收/发指示灯;8-电池指示灯:关闭——电池电量正常,闪烁——电池电量低,点亮——电池正在充电

图3-5-10 传感器按键

（6）卡具：安装于车轮之上，可以根据轮胎型号不同进行调整安装，用于传感器的安装。如图3–5–11所示。

（7）转角盘：可自由转动的转角盘能够消除车轮在转动时所产生的压力，并能完成车轮最大总转角的检测。如图3–5–12所示。

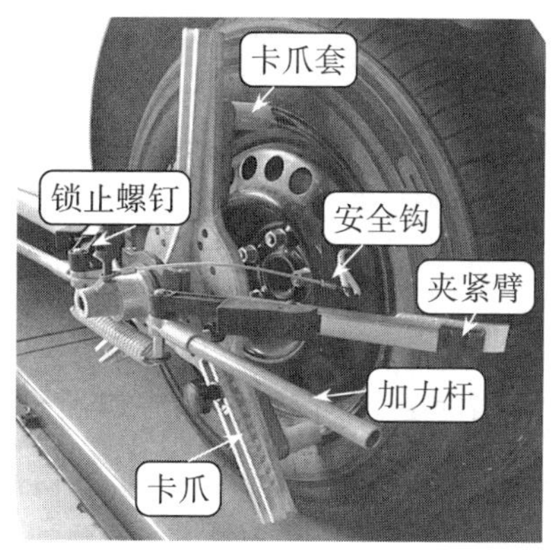

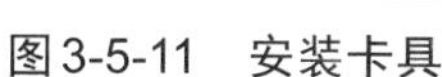
图3-5-11 安装卡具

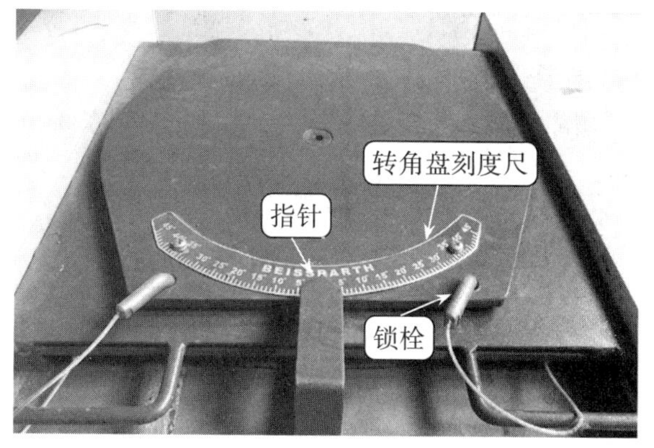

图3-5-12 转角盘

（8）滑板：最大承载为1000千克，转动范围±2.5°。这样在调整独立悬挂的后轮时，后轮可以自由滑动。滑板如图3–5–13所示。

图3-5-13 滑板

四、什么情况下做四轮定位

（1）一般车辆行驶2万千米或者1年时间时（以先到达者为准）必须做一次四轮定位。

（2）当汽车在平直的道路上直行时也需要用大力握紧方向盘以保证车辆不跑偏时，就说明需要做一次四轮定位了。

（3）在汽车正常行驶时感觉车身摇摆不定（如同转弯和在崎岖的路面上行驶），说明需要做四轮定位了。

（4）汽车前后轮有一侧磨损特别严重时，也说明需要做四轮定位了。

（5）汽车直行时车子向左或者向右拉，表明需要做四轮定位了。

（6）在汽车换上新轮胎或者因为碰撞事故、转向系统或悬挂系统维修后，建议最好做一次四轮定位。

五、做四轮定位有什么好处

(1)保证车辆行驶的稳定性能,同时在操控上也更有驾驶乐趣。

(2)杜绝因为车辆跑偏而导致的交通事故的发生。

(3)可以减轻汽车轮胎的磨损,延长轮胎的使用寿命。

(4)可以减轻油耗,因为做了四轮定位后可以减轻汽车行驶时的“吃胎”现象,因此也可以降低汽车行驶的油耗。

(5)减少汽车行驶系统、转向系统和制动系统等的损耗,延长这些机件的使用寿命。

六、四轮定位操作步骤

1.车辆初检

(1)检查车辆停放位置,检查车辆在举升机上停放的位置是否恰当,如图3-5-14所示。

图3-5-14 检查车辆停放

(2)车辆及相关信息识别记录,找到车辆VIN号码、生产日期、胎压、轮胎型号、车牌号等,如图3-5-15所示。

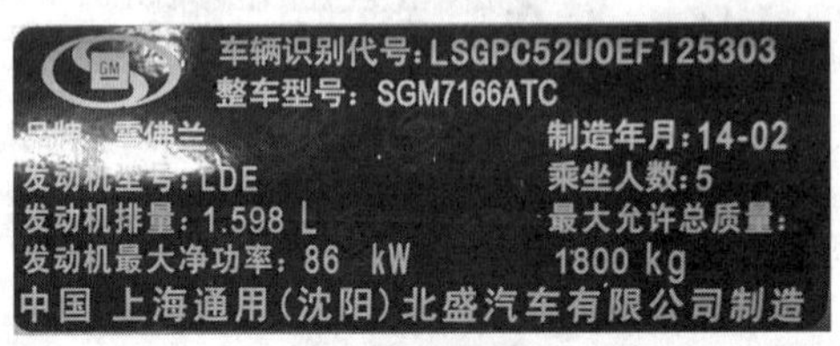

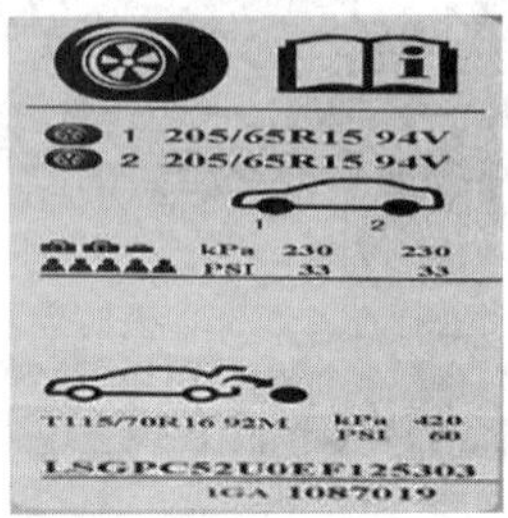

图3-5-15 车辆相关信息

(3)做好准备工作,安装三件套,将挡位置于N挡,释放手刹。如图3-5-16所示。

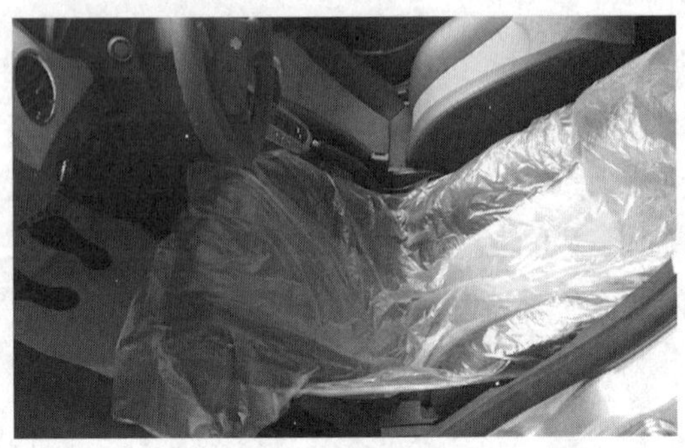

图3-5-16 安装三件套等

(4)在定位仪电脑程序中根据客服信息和相关记录建立车辆的档案,如图3-5-17所示。

百斯巴特定位仪 - 客户选择

常规 查看 检测步骤 检测功能 工具 ?

客户档案列表 | 当前维修单信息 | 档案化记录

字段	内容	字段	内容
维修单号/工位			
维修人员			
维修单注释			
检测原因			
用户编号			
公司			
姓名			
地址			
邮编/城市			
电话		传真	
移动电话		电子信箱	
注释			
车牌号			
汽车识别号	LSGPC52U6DFSUN7166ATCB-03		
车辆关键号			
第一次登记			
行驶里程			

特征	数值
车型资料来源	-
车辆类型	-
制造厂商	-
型号	-
系列	-
等级	-
生产起始日期	-
生产结束日期	-
发动机	-

常规定位检测 * LSGPC52U6DFSUN7166ATCB-03

开始 百斯巴特定位仪 - ... 11:19

图3-5-17 建立车辆档案

(5)检查轮胎轮辋有无变形,轮胎有无异常磨损,胎压和标准值是否一致,型号与原厂是否一致,如图3-5-18所示。

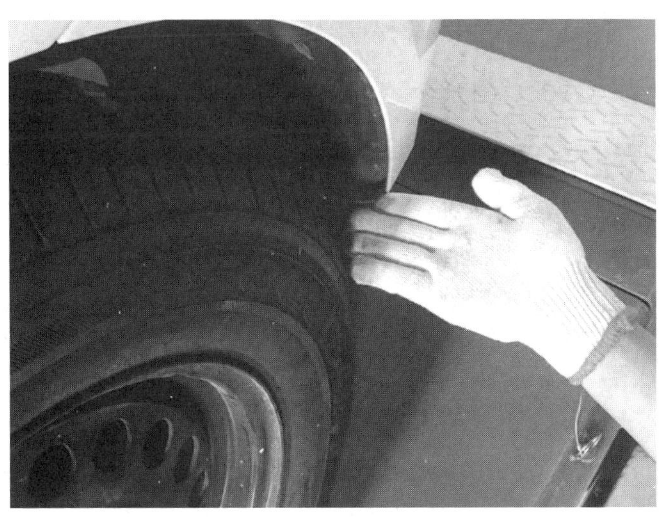

图3-5-18 检查轮胎轮辋等

(6)根据前面车辆相关数据完成车型数据选择。

①选择数据库,如图3-5-19所示。

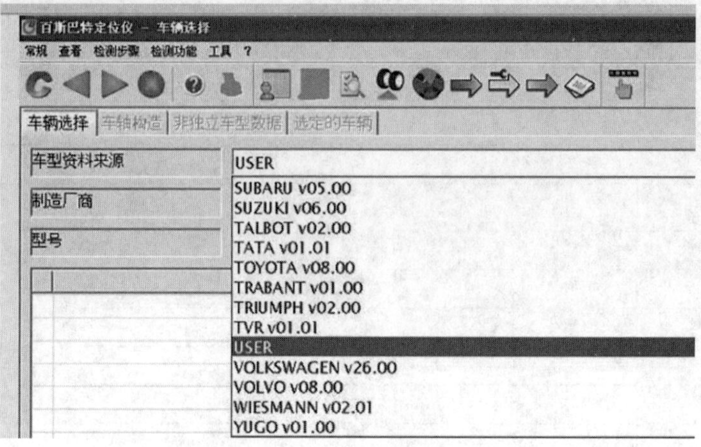

图3-5-19　选择数据库

②选择生产厂家,如图3-5-20所示。

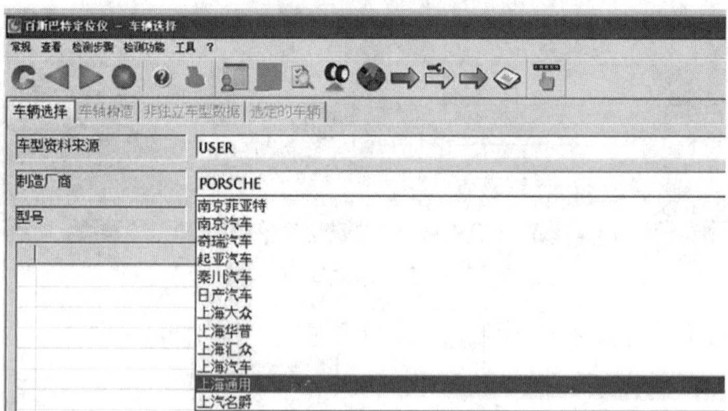

图3-5-20　选择生产厂家

③选择车辆型号,如图3-5-21所示。

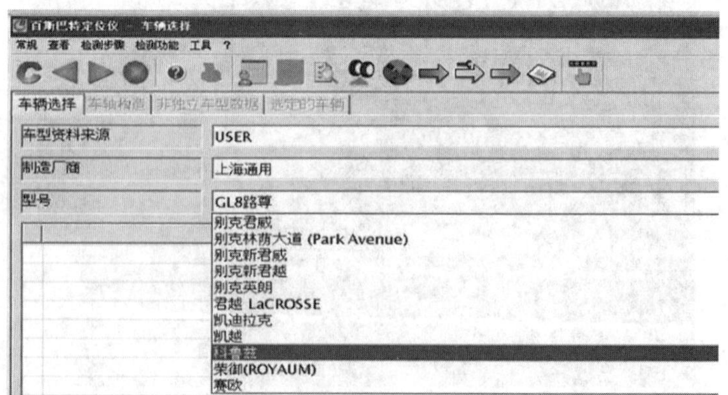

图3-5-21　选择车辆型号

(7)检查车辆承载。

①备胎是否安放到位，如图3-5-22所示。

②驾驶室内是否空载，如图3-5-23所示。

图3-5-22　检查备胎安装

图3-5-23　检查驾驶室

(8)目视检查车身外观，检查车身是否有严重撞击变形，如图3-5-24所示。

图3-5-24　检查车辆外观

(9)车辆状况输入，如图3-5-25所示。

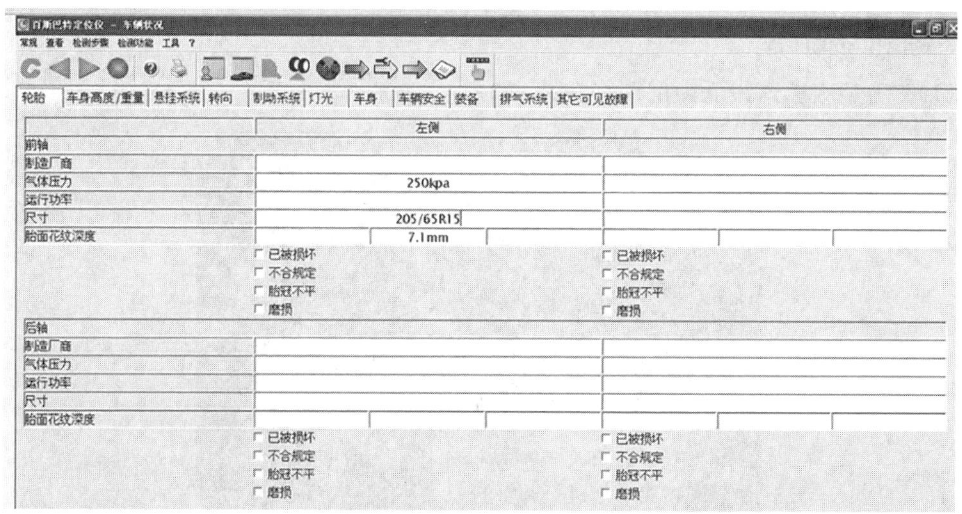

图3-5-25　输入车辆状况

2.底盘检查

(1)举升机大剪高位落锁,如图3-5-26所示。

(2)检查转向连接机构,检查左右转向横拉杆及球头,检查转向机左右护套,如图3-5-27所示。

图3-5-26 举升车辆

图3-5-27 检查转向连接机构

(3)检查前轴悬架左右前下控制臂前衬套、前稳定杆有无弯曲或损坏、左右下控制臂、左右下控制臂后衬套是否漏油或变形损坏,如图3-5-28所示。

(4)检查后轴悬架,后减震器是否变形、漏油、损坏,弹簧是否有明显锈蚀、损坏。如图3-5-29所示。

图3-5-28 检查前轴悬架

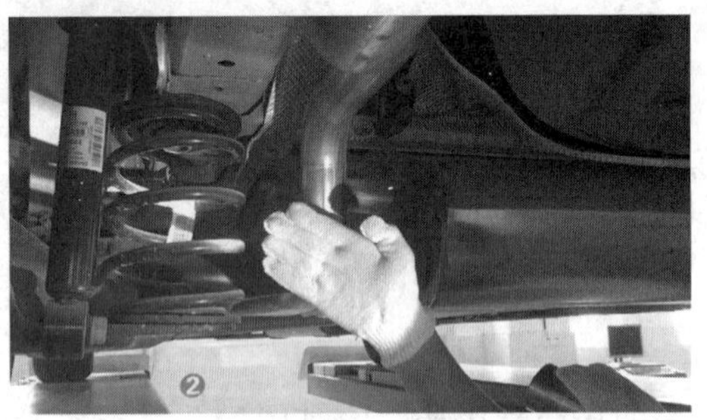

图3-5-29 后轴悬架

3.定位仪定位准备

(1)举升机大剪落最低锁位,如图3-5-30所示。

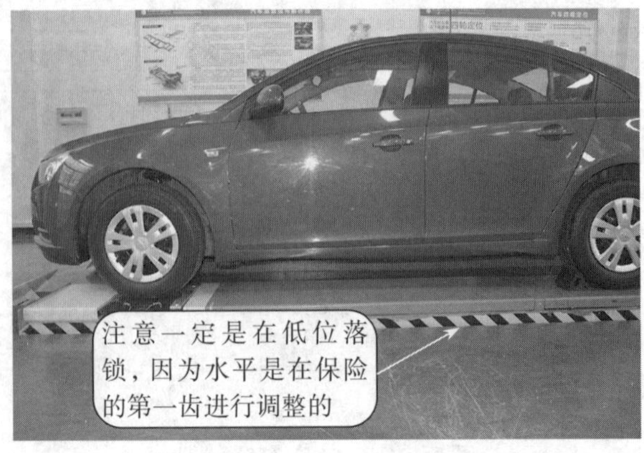

图3-5-30 落下车辆

(2)安装卡具。

①根据轮胎型号来确定卡爪尺寸并且进行调整,释放上卡爪螺栓,如图3-5-31所示。

②调整夹紧臂,如图3-5-32所示。

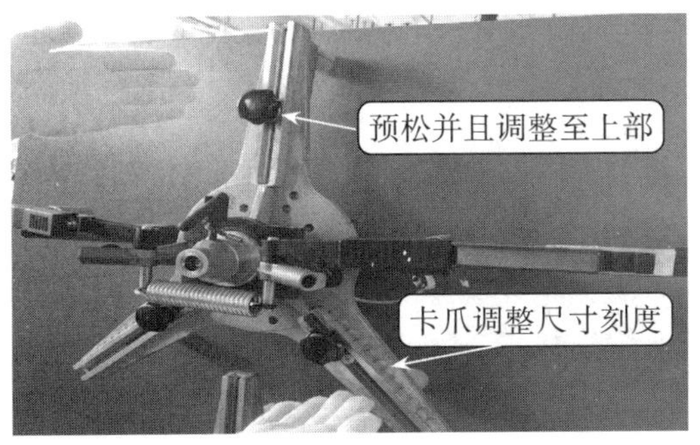

图3-5-31　安装卡具

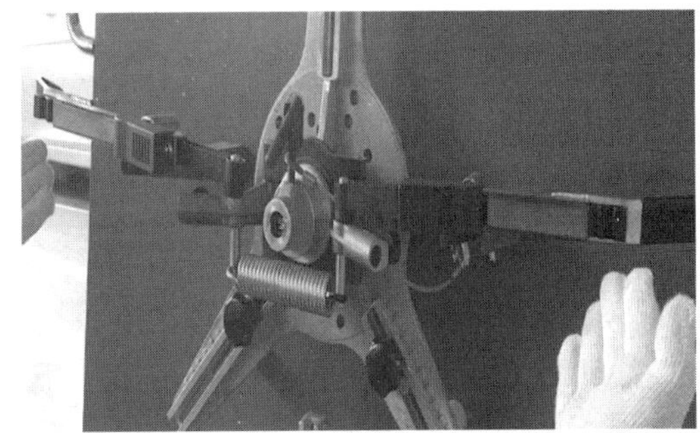
图3-5-32　调整夹紧臂

③安装加力杆,如图3-5-33所示。

④安装到车轮上面,如图3-5-34所示。

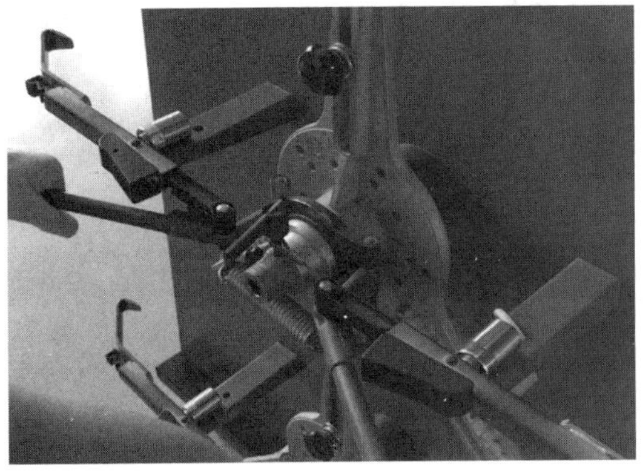
图3-5-33　安装加力杆

图3-5-34　安装到轮胎上

(3)安装传感器。

①确认传感器编号后安装传感器,如图3-5-35所示。

②调整水平锁止传感器,如图3-5-36所示。

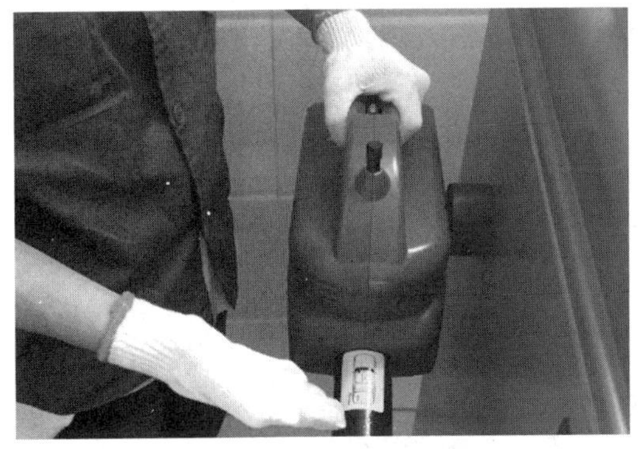
图3-5-35　确认传感器

图3-5-36　调整传感器

(4)安装线缆,先检查线缆有无损坏。

4. 卡具、轮毂偏位补偿

(1)升起二次举升机，车轮悬空10 cm左右，如图3-5-37所示。

(2)车轮补偿，如图3-5-38所示。

图3-5-37　举升车辆

图3-5-38　车轮补偿

(3)拔出转角盘和后滑板的固定销，如图3-5-39所示。

图3-5-39　拔出固定锁

5. **车辆检测**

(1)二次举升机回位,如图3-5-40所示。

(2)做好检测前的准备工作,安装刹车锁到位,锁住脚刹车踏板。如图3-5-41所示。

图3-5-40 落下车辆

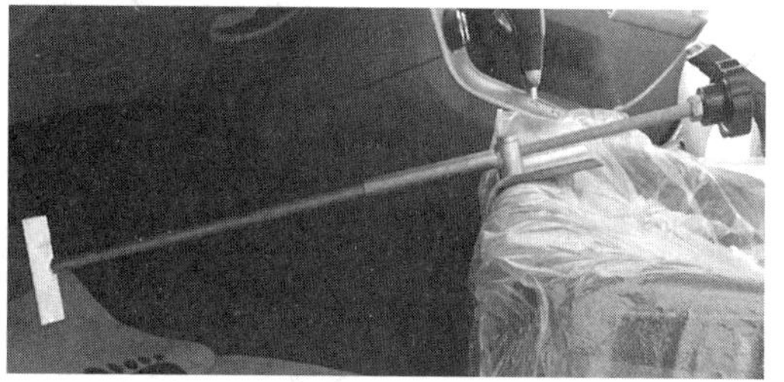

图3-5-41 安装刹车锁

(3)按照程序检测车辆,如图3-5-42所示。

(4)按照屏幕提示锁定方向盘,如图3-5-43所示。

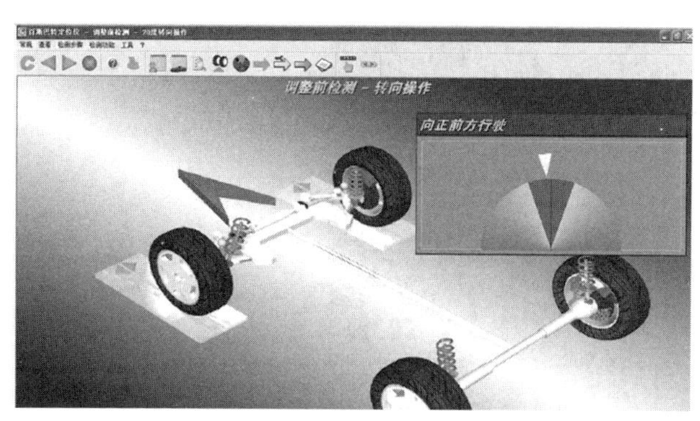

图3-5-42 检测车辆

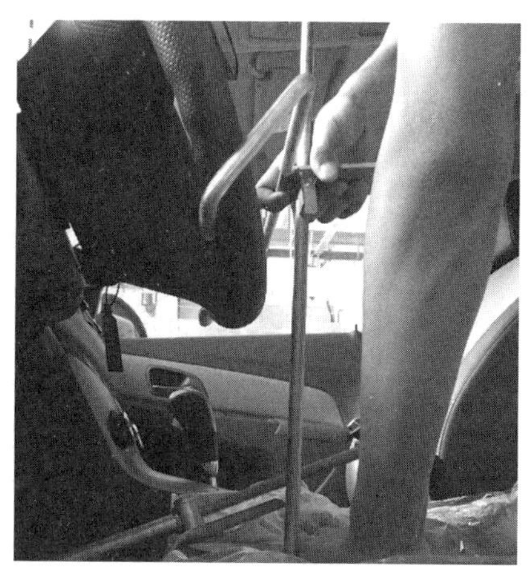

图3-5-43 锁定方向盘

(5)将四个传感器调整水平,如图3-5-44所示。

(6)当屏幕显示后轮数据时,后退一步程序查看方向盘是否按照屏幕对中,如偏出需要再次调整方向盘,重新对中锁住方向盘,如图3-5-45所示。

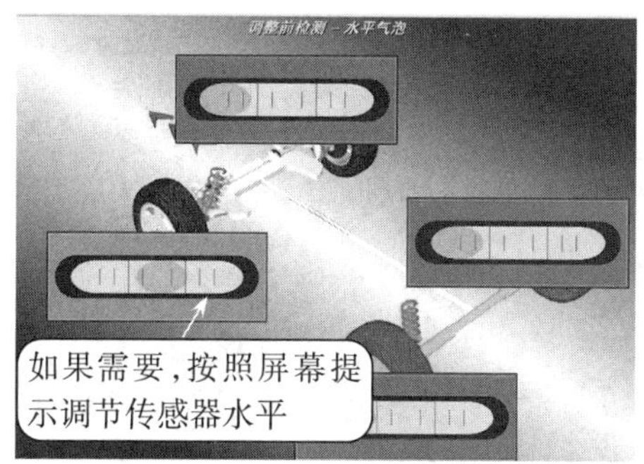

图3-5-44 调整传感器

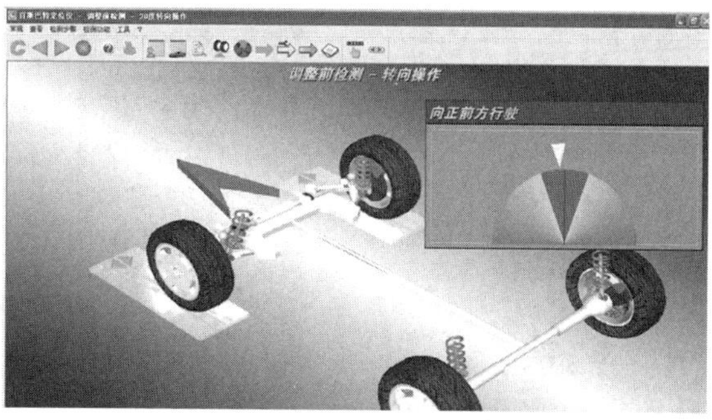

图3-5-45 校对方向盘

6.定位调整

(1)举升机大剪高位落锁，如图3-5-46所示。

图3-5-46　举升车辆

(2)根据检测数据来调整，如图3-5-47所示。

将数据从红色区间调整到绿色区间。

（1）

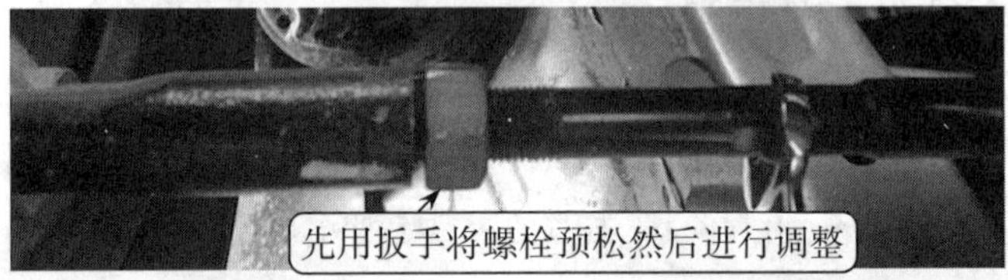

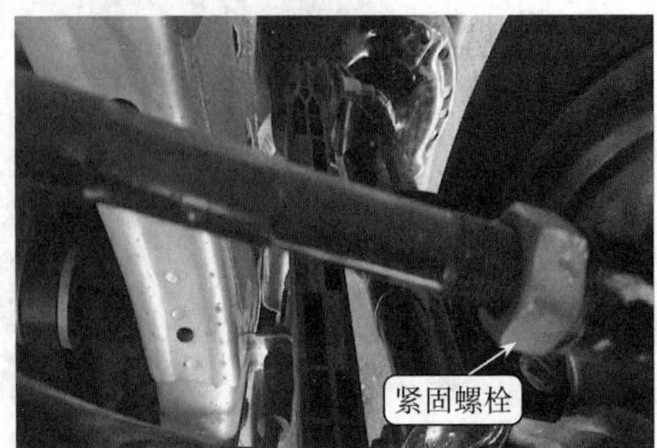

（2）

图3-5-47　调整数据

7. 调整后检测

（1）举升机大剪落最低锁位，如图3-5-48所示。

（2）按照程序检测车辆，如图3-5-49所示。

图3-5-48　落下车辆

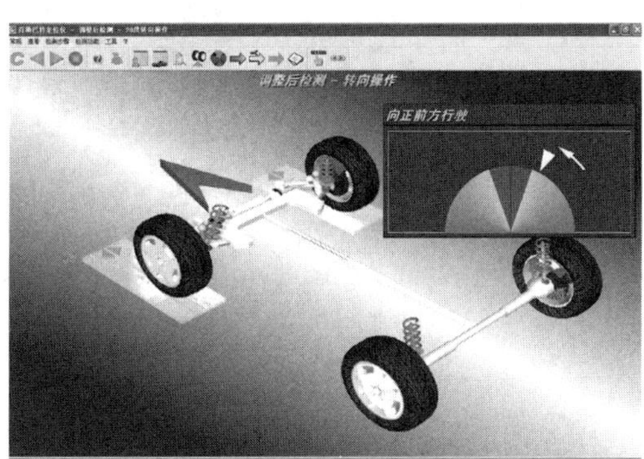

图3-5-49　检测车辆

（3）打印检测报告，如图3-5-50所示。

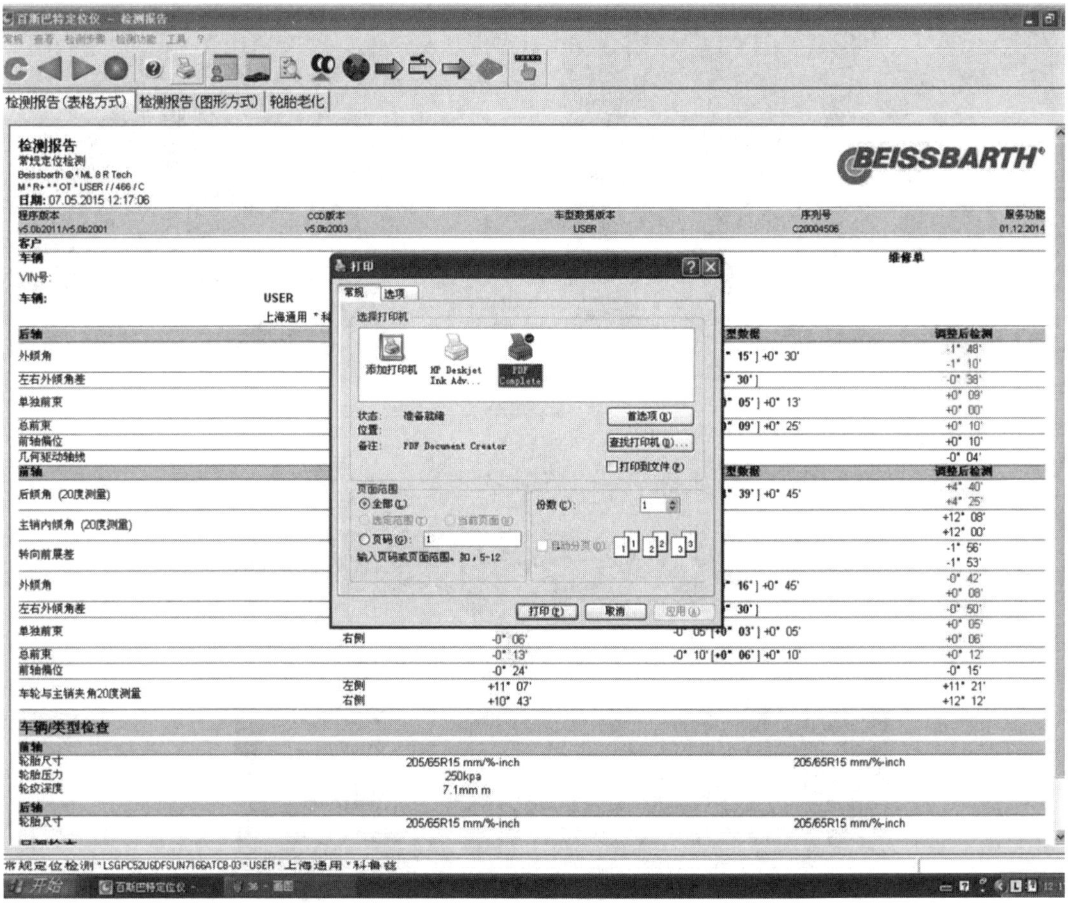

百斯巴特定位仪 - 检测报告

常规　查看　检测步骤　检测功能　工具　?

检测报告(表格方式) | 检测报告(图形方式) | 轮胎老化

检测报告
常规定位检测
Beissbarth @ * ML 8 R Tech
M * R+ * * OT * USER / / 466 / C
日期: 07.05.2015 12:17:06

BEISSBARTH®

程序版本	CCD版本	车型数据版本	序列号	服务功能
v5.0b2011/v5.0b2001	v5.0b2003	USER	C20004506	01.12.2014

客户

车辆　　维修单

VIN号:

车辆: USER
上海通用 * 科

后轴			型数据	调整后检测
外倾角			° 15'] +0° 30'	-1° 48' -1° 10'
左右外倾角差			° 30']	-0° 38'
单独前束			° 05'] +0° 13'	+0° 09' +0° 00'
总前束			° 09'] +0° 25'	+0° 10'
前轴偏位				+0° 10'
几何驱动轴线				-0° 04'
前轴			**型数据**	**调整后检测**
后倾角 (20度测量)			° 39'] +0° 45'	+4° 40' +4° 25'
主销内倾角 (20度测量)				+12° 08' +12° 00'
转向前展差				-1° 56' -1° 53'
外倾角			° 16'] +0° 45'	-0° 42' +0° 08'
左右外倾角差			° 30']	-0° 50'
单独前束	右侧	-0° 06'	-0° 05 [+0° 03'] +0° 05'	+0° 05' +0° 06'
总前束		-0° 13'	-0° 10' [+0° 06'] +0° 10'	+0° 12'
前轴偏位		-0° 24'		-0° 15'
车轮与主销夹角20度测量	左侧 右侧	+11° 07' +10° 43'		+11° 21' +12° 12'

打印
常规　选项
选择打印机
添加打印机　HP Deskjet Ink Adv...　PDF Complete
状态:　准备就绪
位置:
备注:　PDF Document Creator
首选项(R)　查找打印机(D)...　□打印到文件(F)
页面范围
⦿全部(L)
○选定范围(T)　○当前页面(U)
○页码(G): 1
输入页码或页面范围。如，5-12
份数(C): 1
□自动分页(O)
打印(P)　取消　应用(A)

车辆/类型检查

前轴		
轮胎尺寸	205/65R15 mm/%-inch	205/65R15 mm/%-inch
轮胎压力	250kpa	
轮纹深度	7.1mm m	
后轴		
轮胎尺寸	205/65R15 mm/%-inch	205/65R15 mm/%-inch

常规定位检测 * LSGPC52U6DFSUN7166ATC8-03 * USER * 上海通用 * 科鲁兹

开始　百斯巴特定位仪 -

图3-5-50　打印检测报告

(4)传感器放回到机柜充电,如图3-5-51所示。

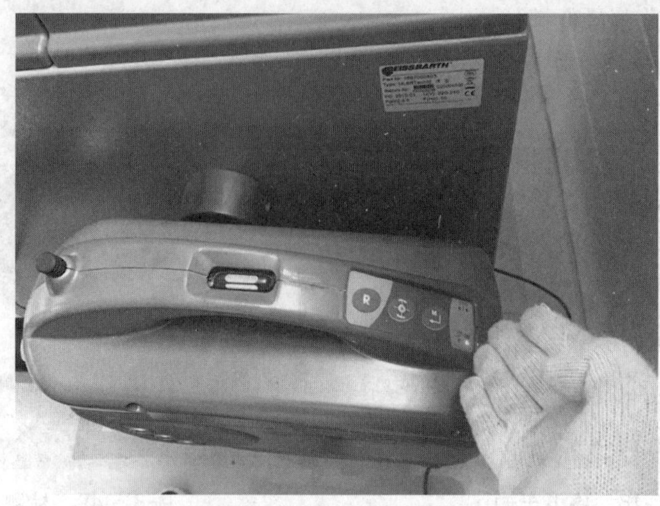

图3-5-51　放回传感器

(5)卡具收回发至工件车,如图3-5-52所示。

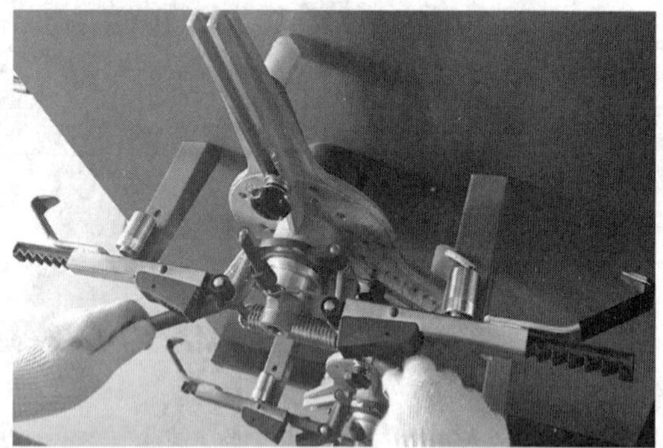

图3-5-52　卡具收回

8.设备还原,举升机最终回到最低位置

(1)升起小剪使车轮悬空,如图3-5-53所示。

图3-5-53　举升车辆

(2)插入转角盘和后滑板的固定销将其固定，如图3-5-54所示。

图3-5-54　安装固定锁

(3)举升机复位，如图3-5-55所示。

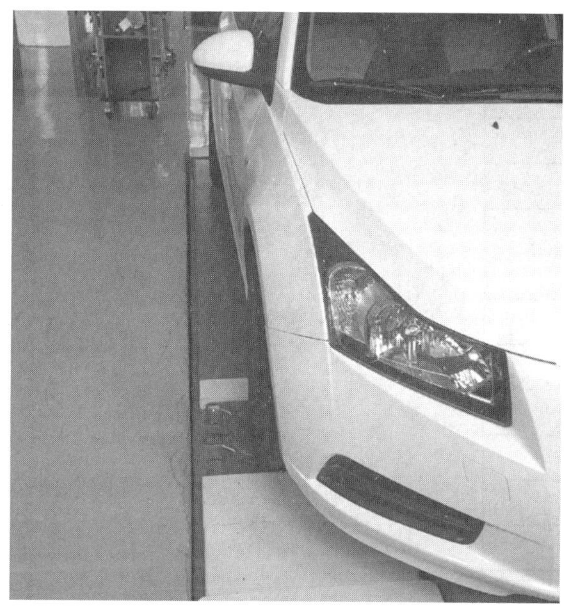

图3-5-55　举升机复位

(4)定位仪及其附件复位，如图3-5-56所示。

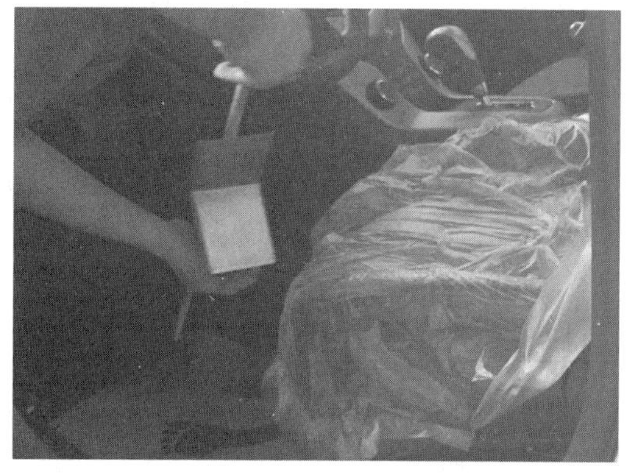

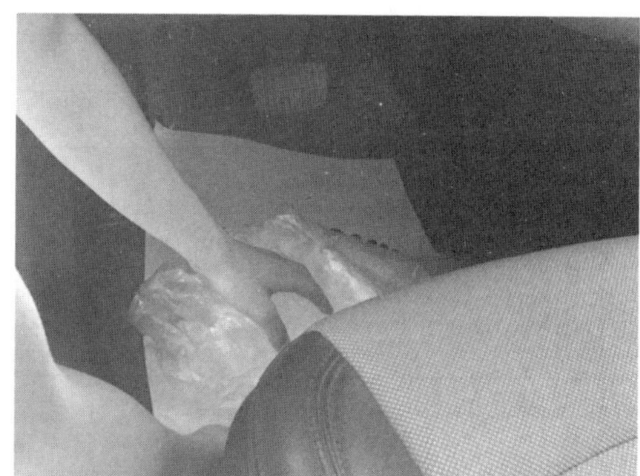

图3-5-56　复位定位仪及其附件

【任务实施】

车轮定位测量及调整工作页		
车辆型号：		
输入数值：	前轴总前束	
前轴前束		前轴前束
前轴外倾角		前轴倾角
左前轮胎压		右前轮胎压
后轴前束		后轴前束
后轴倾角		后轴倾角
左后轮胎压	后轴总前束	右后轮胎压
车辆综合评估：		
客服温馨提示：		

【任务反馈】

一、小组自查

组员姓名： 在相应选项打"√"

序号	学习目标	能	不能	什么原因
1	能叙述四轮定位的概念及其重要性			
2	能正确使用四轮定位仪			
3	能调整车辆前轮前束			
4	能分析车轮定位数据不正常导致的故障现象			
5	能制订车轮定位的测量与调整计划			

二、教师总体评价

1.对该小组同学们的整体评价。(　　)

A.组内学习气氛很好,组长负责。

B.组长能组织组员按要求完成学习任务,________组员能达到学习目标。

C.组内有40%以上的学员不能达到学习目标。

D.组内大部分学员不能达到学习目标。

2.对该组内同学们的单独评价

____

____

三、课后作业

(一)选择题

1.前轮单轮前束的定义是(　　)。

A.车轮中心平面与地面垂直平面间的夹角

B.前轴单侧车轮的车轮中心平面与车辆推力线之间的夹角

C.前轴单侧车轮的车轮中心平面与车辆中心对称面之间的夹角

2.后轮单轮前束的定义是(　　)。

A.车辆的后轴与后轮车轮中心线之间的夹角

B.车辆的几何轴线与后轮车轮中心线之间的夹角

C.车辆中心线(对称面)与后轴单侧车轮的车轮中心平面之间的夹角

3.在车辆的定位调整中,将推力角调整为零的方法是(　　)。

A.将车辆两个前轮的单轮前束调整到相等

B.将车辆两个后轮的单轮前束调整到相等

C.将车辆两个后轮的外倾角调整到相等

4. 如果用于定位的举升机平台前部的左右水平度差距较大，容易导致(　　)。

A. 前轮单轮前束测量偏差显著增大

B. 前轮后倾角测量偏差显著增大

C. 前轮外倾角测量偏差显著增大

5. 如果车轮的前束调整不当，容易引起轮胎的磨损特征是(　　)。

A. 轮胎单侧胎肩磨损严重

B. 轮胎胎冠表面有羽状横纹

C. 轮胎两侧胎肩都磨损严重

(二)判断题

1. 当车轮定位调整到位后，需要将被调整部件按照车辆维修手册上要求的力矩紧固。(　　)

2. 检查轮胎磨损时，胎纹深度应该大于安全标志的高度，否则应该建议或要求用户更换轮胎。(　　)

3. 定位检测时，车辆前轮应尽量停放在转角盘的中心，以保证20°转向检测时的测量精度，还能防止车轮意外卡住。(　　)

4. 在偏位补偿之前须取下保险钩。(　　)

5. 在插回定位销前，不需要升起举升机小剪。(　　)

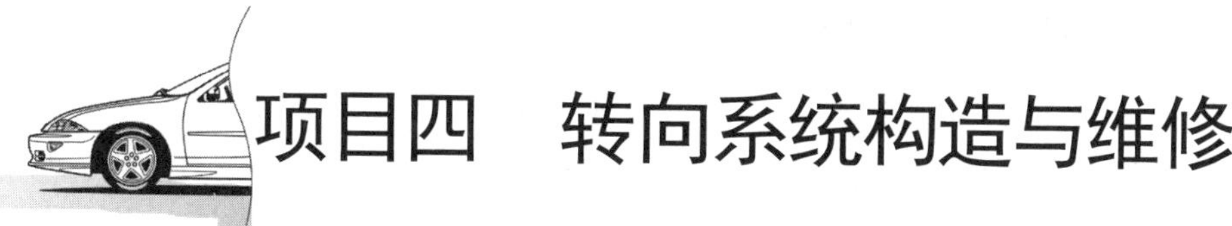

项目四　转向系统构造与维修

任务一　转向系统认知

【任务目标】

(1)能叙述转向系统的组成。

(2)能正确认识转向系统各零部件。

(3)能阐述转向系统各零部件的工作原理。

【任务准备】

一、转向系统

汽车上用来改变或恢复其行驶方向的专设机构称为汽车转向系统。转向系统的基本结构如图4-1-1所示。

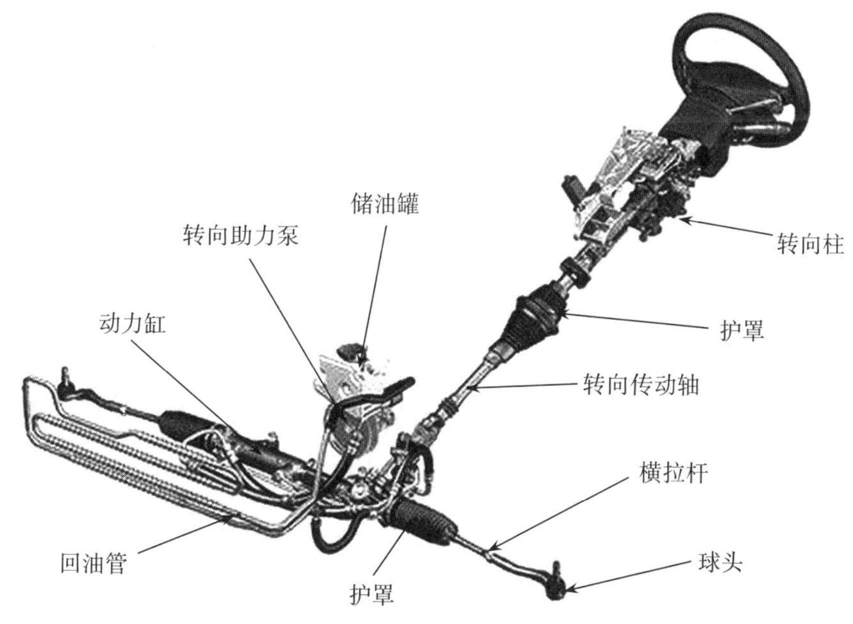

图4-1-1　转向系统

二、转向系统的功用

转向系统是指由驾驶员操纵，能实现转向轮偏转和复位的一套机构。转向系统的功用是根据需要使转向轮发生偏转，适时地改变汽车的行驶方向，确保汽车稳定安全正常驾驶。

三、转向系统的分类及基本组成

汽车转向系统按转向动力源的不同分为机械式转向系统和动力式转向系统两大类。

机械式转向系统以驾驶员的体力作为转向动力源，系统所有传动件都是机械式的，如图4-1-2示。机械式转向系统由转向操纵机构、机械转向器和转向传动机构三大部分组成。从转向盘到机械转向器之间的一系列零件称为转向操纵机构，它主要包括转向盘、转向柱、转向轴管、万向节等；从机械式转向器到转向轮之间的零件称为转向传动机构，它主要包括转向横拉杆、转向节臂、转向减震器等。

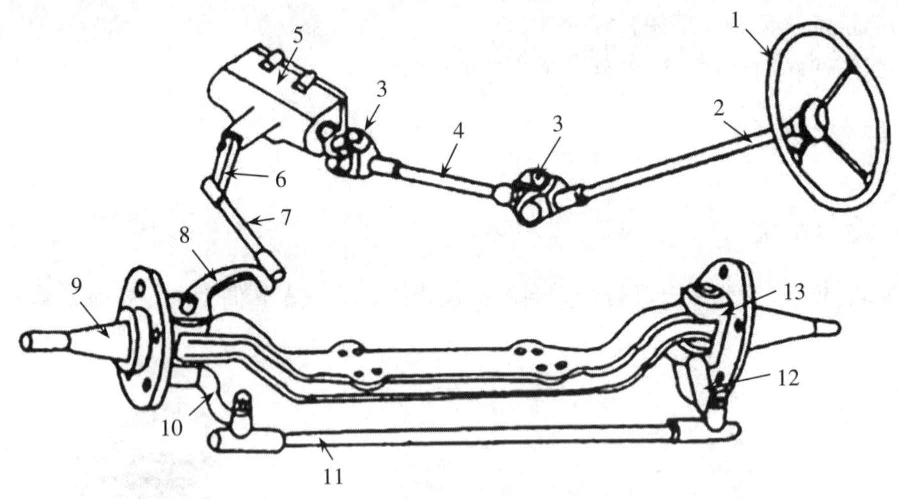

1-转向盘；2-转向轴；3-转向万向节；4-转向传动轴；5-转向器；6-转向摇臂；7-转向直拉杆；8-转向节臂；9-左转向节；10,12-左、右梯形臂；11-转向横拉杆；13-右转向节

图4-1-2　机械式转向系统的组成

动力式转向系统是在机械转向系统的基础上，增加了一套液压助力装置，动力式转向系统一般由转向动力装置和转向机械装置（机械转向器、转向操纵机构和转向传动机构）组成。其中，转向动力装置主要由转向控制阀、转向动力缸、转向油泵（叶片泵）、油罐等构成。目前，轿车和重型载货汽车广泛应用动力式转向系统。

动力式转向系统一般常见的有三种形式，分别是机械液压助力转向系统、电子液压助力转向系统和电动助力转向系统。

机械液压助力转向系统，如图4-1-3所示。这种形式是我们最常见的一种，它诞生于1902年，也就是说已经有了百年历史。由于技术成熟可靠，而且成本低廉，得以广泛普及。

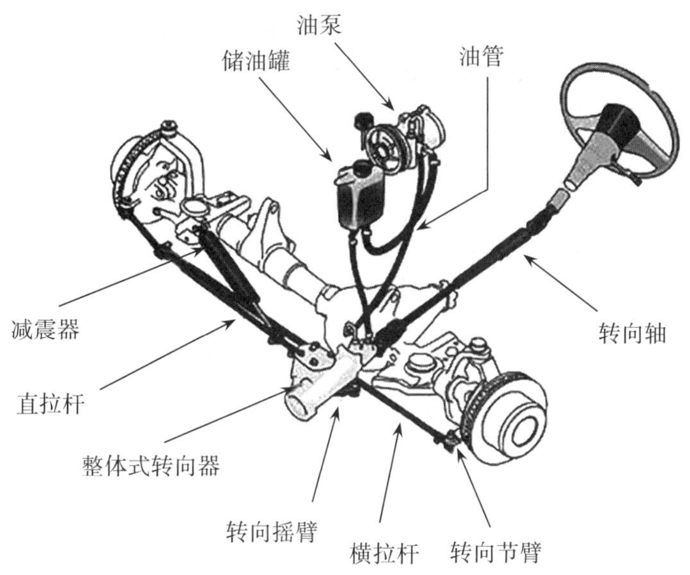

图4-1-3 机械液压助力转向系统的组成

机械液压助力转向系统的主要组成部分有液压泵、油管、压力流体控制阀、V形传动皮带、储油罐等。这种助力方式是将一部分发动机动力输出转化成液压泵压力，对转向系统施加辅助作用力，从而使轮胎转向。

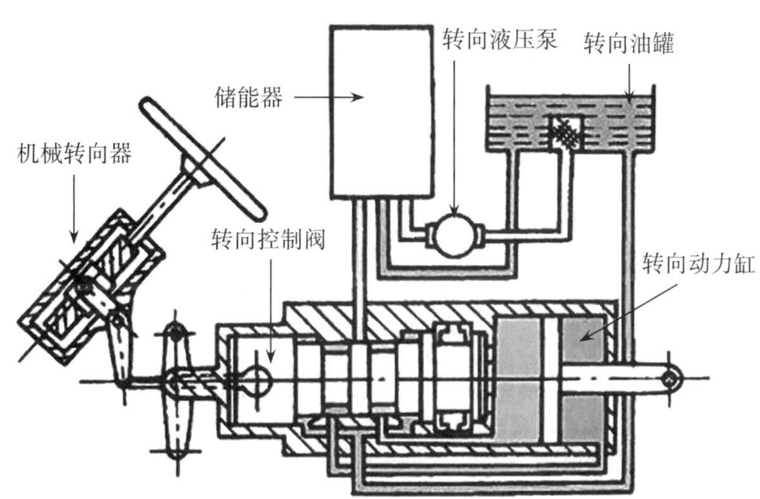

图4-1-4 常压式液压转向助力装置示意图

根据系统内液流方式的不同可以分为常压式液压助力和常流式液压助力。常压式液压助力系统的特点是无论方向盘处于正中位置还是转向位置、方向盘保持静止还是在转动，系统管路中的油液总是保持高压状态，如图4–1–4所示；而常流式液压转向助力系统的转向油泵虽然始终工作，但液压助力系统不工作时，油泵处于空转状态，管路的负荷要比常压式小，现在大多数液压转向助力系统都采用常流式，如图4–1–5所示。可以看到，不管哪种方式，转向油泵都是必备部件，它可以将输入的发动机机械能转化为油液的压力。

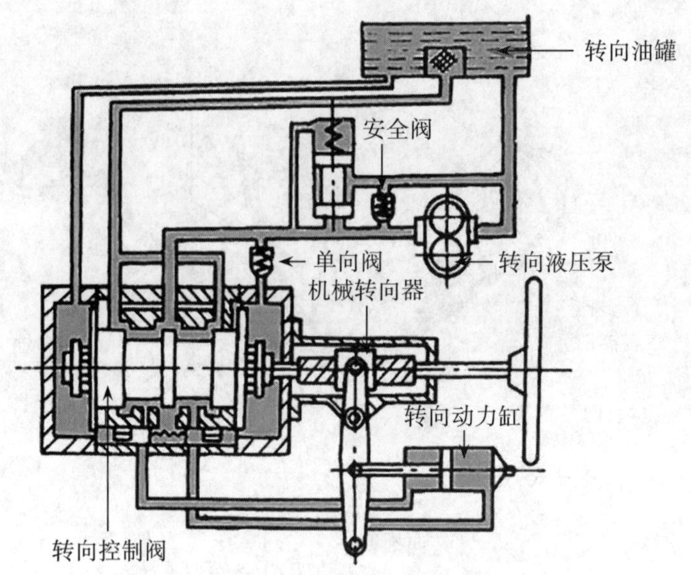

图4-1-5　常流式液压转向助力装置示意图

由于依靠发动机动力来驱动油泵，能耗比较高，所以车辆的行驶动力无形中就被消耗了一部分；液压系统的管路结构非常复杂，各种控制油液的阀门数量繁多，后期的保养维护需要成本；整套油路经常保持高压状态，使用寿命也会受到影响，这些都是机械液压助力转向系统的缺点所在。

其优点是：方向盘与转向轮之间全部是机械部件连接，操控精准，路感直接，信息反馈丰富；液压泵由发动机驱动，转向动力充沛，大小车辆都适用；技术成熟，可靠性高，平均制造成本低。

机械液压助力转向系统大幅消耗发动机动力，所以人们在此基础上进行改进，开发出了更节省能耗的电子液压助力转向系统，如图4–1–6所示。

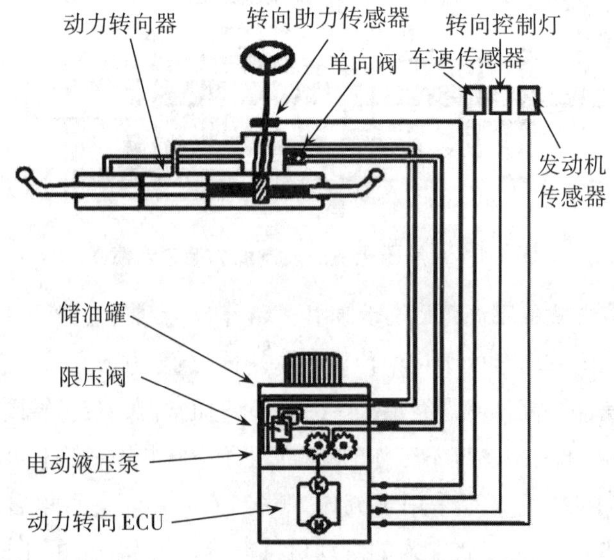

图4-1-6　电子液压助力转向系统结构示意图

电子液压助力转向系统的原理与机械液压助力转向系统基本相同，不同的是油泵由电动机驱动，同时助力力度可变。车速传感器监控车速，电控单元获取数据后通过控制转向控制阀的开启程度改变油液压力，从而实现转向助力力度的大小调节。

电子液压助力转向系统拥有机械液压助力转向系统的大部分优点，同时还降低了能耗，反应也更加灵敏，转向助力大小也能根据转角、车速等参数自行调节，更加人性化。不过引入了很多电子单元，其制造、维修成本也会相应增加，使用稳定性也不如机械液压式的牢靠，随着技术的不断成熟，这些缺点正在被逐渐克服，电子液压助力转向系统已经成为很多家用车型的选择。

不管是机械液压还是电子液压，终究是采用油液加压的方式来实现助力，不够直接而且消耗行驶动力，由此应运而生了电动助力转向系统，如图4-1-7所示。

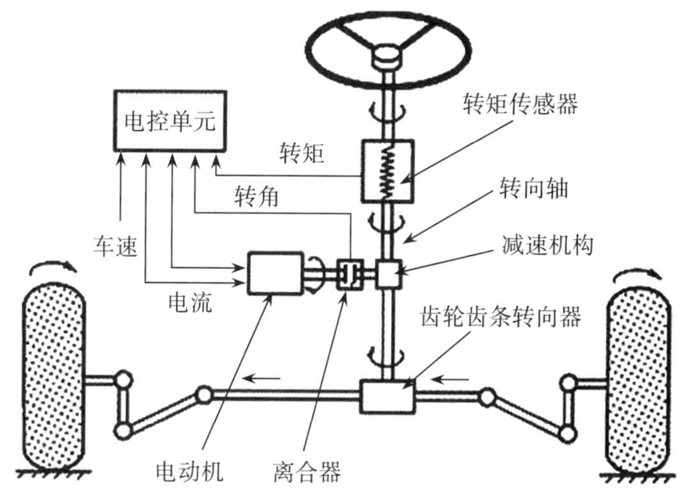

图4-1-7 电动助力转向系统示意图

电动助力转向系统不再有油液、管路，取而代之的是直接干脆的电子线路和设备，主要组件有电控单元、车速传感器、转矩传感器、电动机等，原理也不复杂：传感器把采集到的车速、转角信息输送给电控单元，电控单元决定电动机的旋转方向和助力电流大小，把指令传递给电动机，电动机将辅助动力施加到转向系统中，这样实时调整的转向助力便得以实现。

从结构、原理上看，电动助力转向系统的优点是显而易见的：系统结构精简，质量小，占用空间少；只消耗电力，能耗低；电子系统反应灵敏，动作直接、迅速。

不过电动机直接驱动转向机构，只能提供有限的辅助力度，难以在大型车辆上使用；同时电子部件较多，系统稳定性、可靠性都不如机械式部件；路感信息匮乏，实际驾驶中的操控乐趣大大减少；成本较高等，这些都是电动助力转向系统的劣势所在。

四、转向系统的工作原理

汽车转向时，驾驶员转动转向盘的力矩，通过转向操纵机构输入转向器；同时，由转向动力装置将发动机的机械能转换为液压能，之后进入转向器，经过转向器的减速增矩对力矩进行放大并改变方向后，传给转向传动机构，最后作用于转向轮，使之发生偏转，从而实现汽车转向。

五、转向盘自由行程检查与调整的必要性

转向盘自由行程是指在转向轮发生偏转之前，转向盘向左、向右所能转过的最大角度。转向盘的自由行程是由转向系统中各传动件之间必然存在的装配间隙所引起的，而且这些间隙随零件的磨损逐渐增大，因此在一定范围内转动转向盘时，必然要先消除这些间隙，车轮才开始偏转。即转向盘有一空转过程。转向盘的自由行程对于缓和路面冲击和避免驾驶人的过度紧张是有利的。但该行程也不宜过大，以免影响转动系统的灵敏性。通常，转向盘从汽车直行的中间位置向任意方向自由行程不超过10°~15°。当零件磨损严重到转向盘转向盘自由行程超过25°~30°时，必须进行调整和更换。

六、机械转向器

转向器是转向系统中最主要的机件，它的主要作用是：增大驾驶人作用在转向盘上的力矩和改变力矩方向，并由转向传动机构传递到转向轮上。机械式转向器按其结构形式分类，有齿轮齿条式、循环球式、曲柄双销式和蜗杆滚轮式。目前应用最广的有齿轮齿条式转向器和循环球式转向器。

1.齿轮齿条式转向器

齿轮齿条式转向器采用一级传动副，主动件是转向齿轮，从动件是转向齿条。如图4-1-8所示，其工作原理是：利用齿轮顺时针或逆时针旋转带动齿条左右移动，并通过转向传动机构横拉杆、转向节臂等带动转向轮偏转，以实现转向。

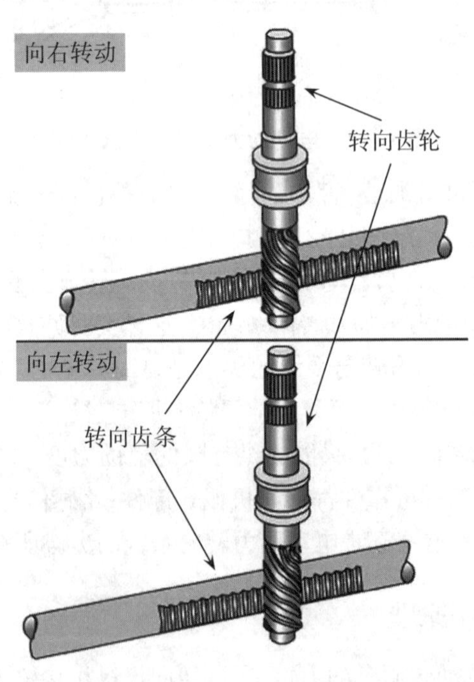

图4-1-8　齿轮齿条式转向器工作原理

2.循环球式转向器

循环球式转向器由两套传动副组成，一套是螺杆、螺母传动副，另一套是齿条、齿扇传动副或滑块曲柄销传动副，如图4-1-9所示。转向时，转向盘先通过转向轴带动转向蜗杆旋转，通过摩擦使钢球滚动，将作用力传给带有齿形的螺母，齿形螺母即沿着蜗杆轴线前后移动，然后通过齿形螺母上的齿条带动齿扇摆动，齿扇带动摇臂轴转动，最后由传动机构传至转向轮，使转向轮偏转实现转向。

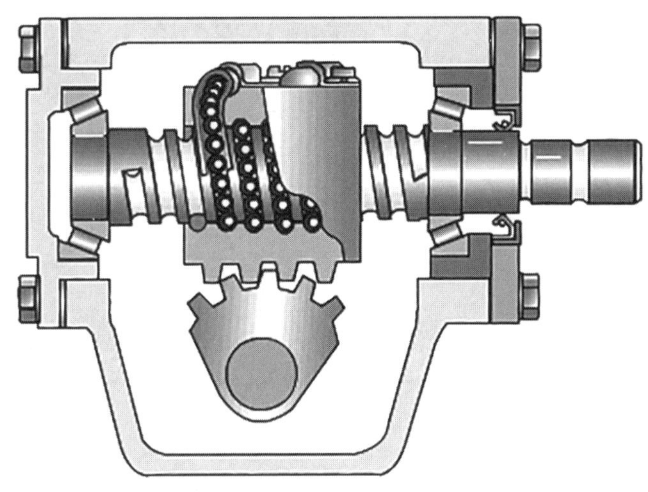

图4-1-9 循环球式转向器

七、转向操纵机构

转向操纵机构由转向盘、转向柱管、转向轴等组成，它的作用是：将驾驶人转动转向盘的操纵力传给转向器。汽车的转向操纵机构通常具有一定的调节和安全性能，它的转向柱管安装在车身上，其上必须装备能够缓和冲击的吸能装置，转向轴从转向柱管中穿过，分为上、下两段，用塑料销相连，当汽车遇到障碍物而撞车时，塑料销可被切断，使转向轴压缩位移，同时转向柱管产生位移或塑性变形，吸收冲击能量，以减轻对驾驶人的伤害。转向轴的上转向轴通过螺母与转向盘相连，下转向轴通过万向节与转向器相连。为便于不同身高驾驶人的驾驶，有些车辆转向柱上还设有转向柱倾斜度调整机构。

八、转向传动机构

转向传动机构的作用是将转向器输出的力和运动传给左、右两侧转向轮，使转向轮偏转实现转向。非独立悬架配用的转向传动机构主要包括转向摇臂、转向直拉杆、转向横拉杆、转向节臂和左、右梯形臂等机件，独立悬架配用的转向机构主要包括转向横拉杆、转向节臂等机件，各传动杆件之间采用球头连接。

【任务实施】

转向系统认知工作页
车辆型号:____________________
1.写出该车辆的转向系统类型   2.写出该车辆转向系统主要零部件的名称及作用

【任务反馈】

一、小组自查

组员姓名： 在相应选项打"√"

序号	学习目标	能	不能	什么原因
1	能叙述转向系统的组成			
2	能认识转向系统各零部件			
3	能阐述转向系统各零部件的工作原理			

二、教师总体评价

1. 对该小组同学们的整体评价。(　　)

A. 组内学习气氛很好，组长负责。

B. 组长能组织组员按要求完成学习任务，________组员能达到学习目标。

C. 组内有40%以上的学员不能达到学习目标。

D. 组内大部分学员不能达到学习目标。

2. 对该组内同学们的单独评价

____

____

三、课后作业

(一)选择题

1. 汽车转向系统按转向动力源的不同分为机械式转向系统和(　　)。

A. 动力式转向系统　　B. 人力式转向系统　　C. 助力式转向系统

2. 机械式转向系统由转向操纵机构、机械转向器和(　　)组成。

A. 转向盘　　B. 转向传动机构　　C. 差速器

3. 动力式转向系统一般常见的形式有机械液压助力转向系统、电子液压助力转向系统和(　　)三种形式。

A. 电动助力转向系统　　B. 手动助力转向系统　　C. 自动助力转向系统

(二)判断题

1. 转向操纵机构由转向盘、转向柱管、转向轴等组成。(　　)

2. 转向传动机构的作用是将转向器输出的力和运动传给左右两侧转向轮，使转向轮偏转实现转向。(　　)

3. 循环球式转向器由两套传动副组成，一套是螺杆、螺母传动副，另一套是齿条、齿扇传动副或滑块曲柄销传动副。(　　)

4. 转向盘自由行程是指在转向轮发生偏转之前，转向盘向左、向右所能转过的最大角度。(　　)

5. 汽车转向时，驾驶员转动转向盘的力矩，通过转向操纵机构输入转向器。(　　)

任务二　方向盘自由行程检查与调整

【任务目标】

(1)能叙述转向盘自由行程的概念。

(2)能够正确、规范、熟练地进行自由行程的检查。

【任务准备】

一、什么是转向盘自由行程

转向盘的自由行程,是指转向轮在直线行驶位置时,转向盘的空转角度。转向系统各零部件之间,不可避免存在着配合间隙。在转动转向盘时,必须克服各种配合间隙后,才能带动转向轮转动。也就是说,转向盘必须首先空转一个角度后,转向轮才会偏转。

二、为什么要有自由行程的影响

转向盘的自由行程是不可避免的。适当的自由行程,可以缓和道路的反冲作用,减轻驾驶员的疲劳,并使转向操纵柔和。但从转向灵敏性考虑,转向盘的自由行程不能太大,否则会使转向迟钝。

方向盘的自由间隙对缓和路面冲击,使转向柔和以及减轻驾驶员的疲劳是有利的,但过大时会影响转向的灵敏度,以及产生车轮晃动,影响行车安全。转向轮的自由转角一般为20°~30°为宜。因此汽车年审时,方向盘自由间隙成为重要的检查项目之一。

三、方向盘间隙的检查

(1)方向盘间隙产生的原因。

方向盘自由间隙是由于转向系统和转向轮之间装配、调整不当或机件磨损所致。具体有转向器传动副啮合间隙过大,转向传动机构连接处松旷,转向节主销与衬套配合间隙过大,转向轮轮毂轴承松旷等,其中前两者的影响最大。

(2)方向盘间隙的检查。

①使前轮处于直线行驶的位置。

②将检查器的刻度和指针分别夹持在转向轴壳和方向盘上。

③左右转动方向盘至感觉有阻力为止(前轮不偏转),这时指针在刻度盘上所划过的角度即为方向盘游动间隙。

(3)方向盘间隙的调整。

①若前轮轮毂轴承间隙过大应该调小。

②横直拉杆球头松旷,可适当调整,调整左拉杆接头时,用专用弯头扳手将螺塞拧到底,然后退回1/4~1/2圈。再对准开口销孔,用开口销将螺塞锁住。

③检查转向垂臂与转向器摇臂轴的花键连接处及其紧固螺栓是否松动,若松动可进行调整。

④检查转向器摇臂轴的轴向间隙,用手握住垂臂用力推拉应无松动感觉,如果有松动,说明转向器销与蜗杆的啮合间隙过大,应予以调整。

【任务实施】

<table>
<tr><th colspan="2">方向盘自由行程检查与调整工作页</th></tr>
<tr><td colspan="2">1.车辆型号:________________</td></tr>
<tr><td colspan="2">2.测量该车辆的转向轮自由转角为:________________</td></tr>
<tr><td colspan="2">3.检查该车辆方向盘自由行程的关键步骤及所需工具</td></tr>
<tr><td>检查该车辆方向盘自由行程的关键步骤</td><td>所需工具</td></tr>
<tr><td></td><td></td></tr>
</table>

【任务反馈】

一、小组自查

组员姓名：　　　　　　　　　　　　　　　　　　　　在相应选项打“√”

序号	学习目标	能	不能	什么原因
1	能叙述转向盘自由行程的概念			
2	能够正确、规范、熟练地进行自由行程的检查			

二、教师总体评价

1.对该小组同学们的整体评价。(　　)

A.组内学习气氛很好,组长负责。

B.组长能组织组员按要求完成学习任务,________组员能达到学习目标。

C.组内有40%以上的学员不能达到学习目标。

D.组内大部分学员不能达到学习目标。

2.对该组内同学们的单独评价

____

____

三、课后作业

(一)选择题

1.转向盘的自由行程,是指转向轮在直线行驶位置时,转向盘的空转角度(　　)。

A.角度　　B.方向　　C.速度　　D.角速度

2.转向轮的自由转角一般为(　　)。

A.20°~30°　　B.15°~20°　　C.10°~15°　　D.30°~35°

3.方向盘自由间隙是由于转向系统和(　　)之间装配、调整不当或机件磨损所致。

A.转向盘　　B.转动轴　　C.转向轮　　D.差速器

(二)判断题

1.转向盘的自由行程太大会使转向迟钝。　(　　)

2.若前轮轮毂轴承间隙过大应该调小。　(　　)

3.横直拉杆球头松旷,可适当调整,调整左拉杆接头时,用专用弯头扳手将螺塞拧到底,然后退回l/4~l/2圈,再对准开口销孔,用开口销将螺塞锁住。　(　　)

4.适当的自由行程,可以缓和道路的反冲作用,减轻驾驶员的疲劳,并使转向操纵柔和。

(　　)

任务三　转向拉杆及球头检查与更换

【任务目标】

(1)能叙述转向横拉杆及球头的作用。

(2)能找到转向横拉杆及球头的位置。

(3)能对转向横拉杆及球头进行检查。

(4)能够更换转向横拉杆及球头。

【任务准备】

一、转向拉杆及球头

转向拉杆是汽车转向机构中的重要零件,它在转向系统中起着传递运动的作用,直接影响汽车操纵稳定性、运行的安全性和轮胎的使用寿命。转向拉杆分为两类,即转向直拉杆与转向横拉杆。转向直拉杆承担着把转向摇臂的运动传递给转向节臂的任务;转向横拉杆则是转向梯形机构的底边,是确保左、右转向轮产生正确运动关系的关键部件。转向横拉杆球头是为了增加拉杆的自由度,减少磨损。本任务主要介绍转向横拉杆以及球头的检查与更换,如图4-3-1所示。

图4-3-1　转向横拉杆

二、转向横拉杆在车上的位置

转向横拉杆在车上的位置，如图4-3-2所示。

图4-3-2 转向横拉杆在车上的位置

三、转向横拉杆的拆卸方法

1.拆卸

(1)准备工具，并检查工具。

(2)拆卸车轮。

(3)拆卸转向横拉杆以及球头。

①拧下固定螺栓，从前减震器总成A上分离稳定杆连杆B，如图4-3-3所示。

②拆卸开口销，拧下槽顶螺母，从前转向节上分离横拉杆和末端A，如图4-3-4所示。

图4-3-3 分离稳定杆连杆

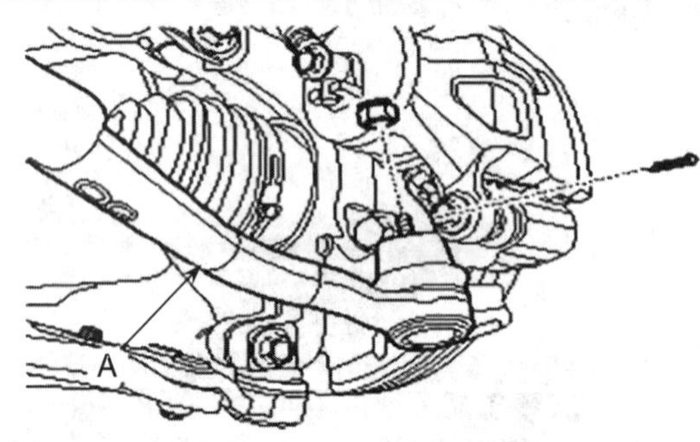

图4-3-4 分离横拉杆和末端

(4)分解拉杆及球头，如图4-3-5、图4-3-6所示。

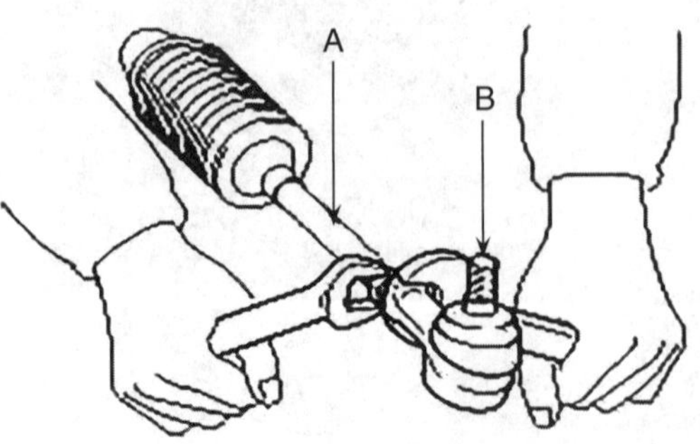

图4-3-5 分解拉杆

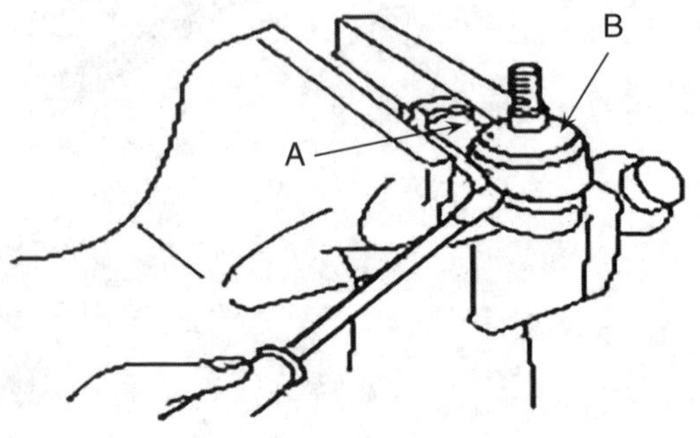

图4-3-6 分解球头

(5)更换转向球头。

2.检查

(1)转向助力液的检查。

打开引擎盖,目测转向助力液液位是否过低,若液面过低,则需要加注转向液压油。

(2)液压管路检查。

目测转向液压油箱中是否有泡沫,若没有泡沫,说明液压管路中没有空气;若有泡沫,则液压管路中有空气,应该查找漏气处,排除动力转向装置中的空气。

(3)转向拉杆及球头的检查。

检查转向拉杆有无腐蚀、断裂、弯曲变形,检查球头防尘套是否破裂漏油,检查球头是否变形。

【任务实施】

<table>
<tr><th colspan="2">转向拉杆及球头检查与更换工作页</th></tr>
<tr><td colspan="2">1.车辆型号:______________________________</td></tr>
<tr><td colspan="2">2.检查该车辆转向拉杆及球头的关键步骤及所需工具</td></tr>
<tr><td>检查该车辆转向拉杆及球头的关键步骤</td><td>所需工具</td></tr>
<tr><td></td><td></td></tr>
</table>

【任务反馈】

一、小组自查

组员姓名：　　　　　　　　　　　　　　　　　　　　　　在相应选项打“√”

序号	学习目标	能	不能	什么原因
1	能叙述转向横拉杆及球头的作用			
2	能找到转向横拉杆及球头的位置			
3	能对转向横拉杆及球头进行检查			
4	能够更换转向横拉杆及球头			

二、教师总体评价

1.对该小组同学们的整体评价。(　　)

A.组内学习气氛很好，组长负责。

B.组长能组织组员按要求完成学习任务，________组员能达到学习目标。

C.组内有40%以上的学员不能达到学习目标。

D.组内大部分学员不能达到学习目标。

2.对该组内同学们的单独评价

____

____

三、课后作业

(一)选择题

1.转向拉杆直接影响汽车操纵稳定性、运行的安全性和(　　)。

A.舒适性　　B.运动性　　C.制动性　　D.轮胎使用寿命

2.转向拉杆在转向系统中起着(　　)的作用。

A.传递方向　　B.传递运动　　C.传递速度　　D.传递转速

3.转向直拉杆承担着把转向摇臂的运动传递给(　　)的任务。

A.转向盘　　B.转向节臂　　C.转向轮　　D.差速器

(二)判断题

1.转向拉杆分为转向直拉杆和转向横拉杆两种。　(　　)

2.转向横拉杆球头的作用是增加拉杆的自由度，减少磨损。　(　　)

3.转向助力液过低时，不需要加注转向液压油。　(　　)

4.转向液压油箱中有泡沫，说明液压管路中没有空气。　(　　)

任务四　球笼万向节及防尘罩检查与更换

【任务目标】

(1)能叙述球笼万向节与防尘套的作用。

(2)能对球笼万向节及防尘套进行检查。

(3)能够更换球笼万向节及防尘套。

【任务准备】

一、什么是球笼万向节

球笼(cage)也叫作“等速万向节”,它是轿车传动系统中的重要部件。其作用是将发动机的动力从变速器传递到驱动轮,从而驱动车辆高速行驶。用于轿车的等速万向节类型很多,其中应用最多的是球笼式等速万向节和三角架式等速万向节,它主要由滑套、三向轴、传动轴、星形套、保持架、钟形壳等零件组成。由于等速万向节传递繁重的驱动力矩,承受负荷重,传动精度高,需求量很大,又是安全件,因此其主要零件均采用精锻件加工而成。

二、防尘套的作用

万向节防尘套,顾名思义它的作用主要是为了防尘,另外万向节防尘套还起一个保护的作用,大多数人认为防尘套在整个汽车零部件当中不是那么重要,其实恰恰相反,首先不注重防尘套的更换最直接就会导致零件的损坏,随之便会带来更多的附带问题,所以在对汽车进行体检的时候更加应该注意万向节防尘套是否需要更换。防尘罩也是球笼产品中的一个关键的部件,主要作用在于防止灰尘进入球笼内和防止球笼内的黄油流出。球笼中必须使用专用耐高温润滑脂,不能用其他润滑脂代替。

三、万向节及防尘罩的检查

传动轴万向节防尘套的破损,将发生润滑脂流失、尘土污染等现象,会导致万向节磨损加剧、早期损坏。因此,在汽车维护时应认真检查传动轴防尘套的破损情况。发现传动轴防尘套破损时,应拆检传动轴万向节,如果发现万向节磨损应更换为新品;如果万向节仅为脏污,可更换防尘套。装复传动轴时,应对其进行彻底清洗,并在万向节内加入足量的专用润滑脂,最后将防尘套卡箍固定好。

四、万向节的拆卸

(1)准备工具,并检查工具。

(2)举升并支撑车辆。

(3)拆下轮胎和车轮总成。

(4)排空变速器。

(5)使用固定扳手1和加长件2进行固定,如图4-4-1所示。

(6)将车轮驱动轴螺母2从车轮驱动轴1上拆下并报废,如图4-4-2所示。

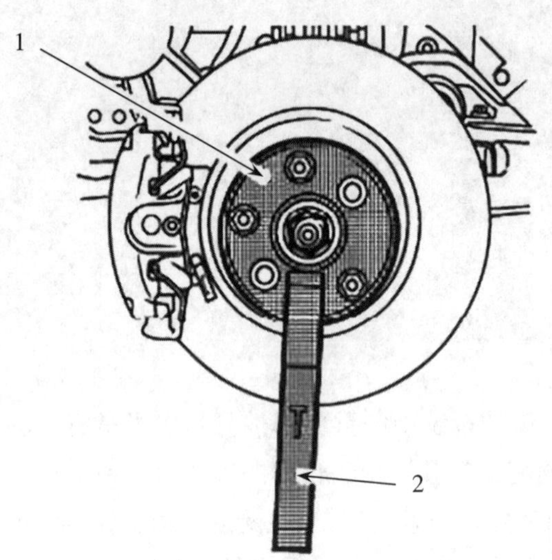

1-固定扳手;2-加长件

图4-4-1 用固定扳手等固定

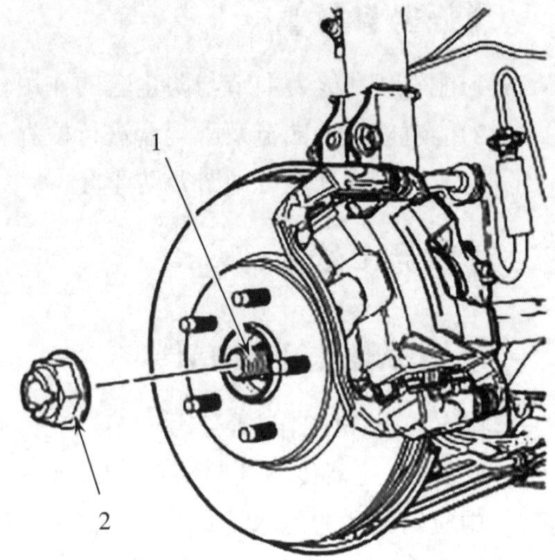

1-车轮驱动轴;2-车轮驱动轴螺母

图4-4-2 拆下驱动轴螺母

(7)使用专用拆卸工具2,将制动盘和车轮轴承/轮毂总成1分离,如图4-4-3所示。

(8)将外转向横拉杆总成从转向节上拆下,将球节从转向节上拆下。

(9)将保护工具安装到差速器输出轴密封件上,如图4-4-4所示。

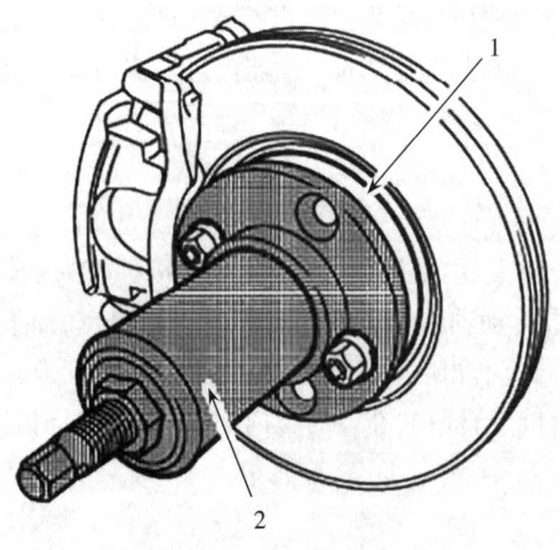

1-车轮轴承/轮毂总成;2-专用拆卸工具

图4-4-3 分离制动盘和车轮轴承/轮毂总成

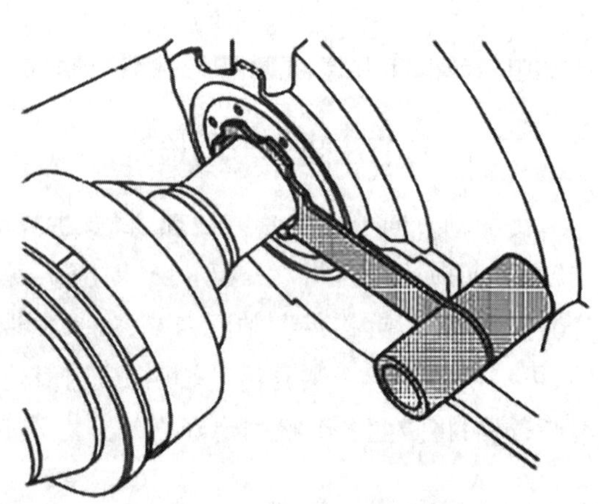

图4-4-4 安装保护工具

(10)使用惯性锤2和拆卸工具1将车轮驱动轴3从车辆上拆下,如图4-4-5所示。

(11)使用斜口钳将密封罩大固定卡箍从等速万向节上拆下。报废密封件卡箍,如图4-4-6所示。

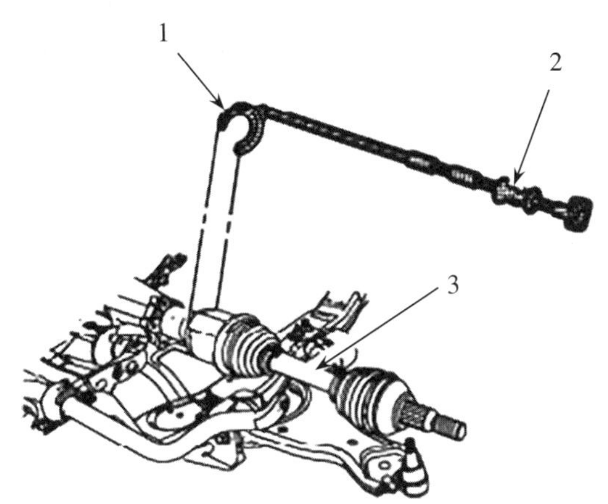

1-拆卸工具;2-惯性锤;3-车轮驱动轴

图4-4-5 拆下驱动轴

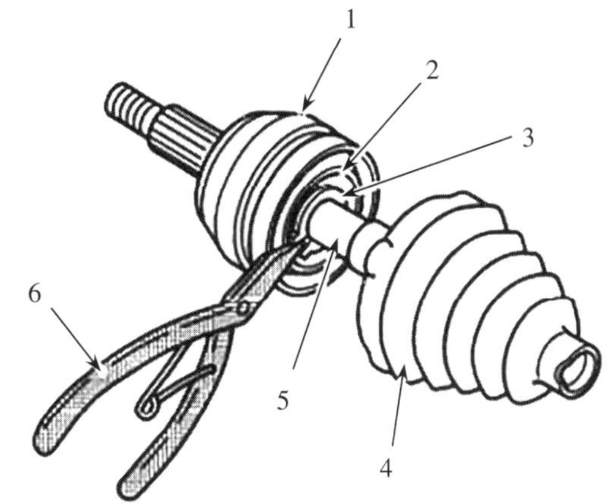

1-等速万向节外球座;2-星形套;3-座圈卡环;4-密封罩;5-半轴杆;6-夹钳

图4-4-6 拆下大固定卡箍

(12)如果装备了一个小型模压环,则用手持式砂轮机切割模压环以拆下模压环,当心不要损坏半轴杆。否则,使用斜口钳拆下密封罩小固定卡箍。报废小固定卡箍。

(13)在大直径端将半轴外侧密封罩从等速万向节外球座1上分离。

(14)沿半轴杆5将密封罩4滑离万向节。

(15)擦除万向节星形套2表面的润滑脂。

(16)使用夹钳6,分开座圈卡环3的环耳。

(17)将等速万向节总成从半轴杆5上拆下。

(18)将半轴外侧的密封罩4从半轴杆5上拆下。

(19)报废外侧的密封罩。

(20)用清洗溶剂彻底清洗以上部件。清除所有旧油脂和污物的痕迹。

(21)干燥所有零件。

(22)检查等速万向节总成是否存在以下情况:异常磨损、裂纹、损坏。

(23)按拆卸顺序反向安装。

【任务实施】

<table>
<tr><td colspan="2">球笼万向节及防尘罩检查与更换工作页</td></tr>
<tr><td colspan="2">1. 车辆型号:____________________</td></tr>
<tr><td colspan="2">2. 检查该车辆转向拉杆及球头的关键步骤及所需工具</td></tr>
<tr><td>检查该车辆球笼万向节及防尘罩的关键步骤</td><td>所需工具</td></tr>
<tr><td></td><td></td></tr>
</table>

【任务反馈】

一、小组自查

组员姓名：　　　　　　　　　　　　　　　　　　　在相应选项打“√”

序号	学习目标	能	不能	什么原因
1	能叙述球笼万向节与防尘套的作用			
2	能对球笼万向节及防尘套进行检查			
3	能够更换球笼万向节及防尘套			

二、教师总体评价

1.对该小组同学们的整体评价。(　　)

A.组内学习气氛很好,组长负责。

B.组长能组织组员按要求完成学习任务,________组员能达到学习目标。

C.组内有40%以上的学员不能达到学习目标。

D.组内大部分学员不能达到学习目标。

2.对该组内同学们的单独评价

____

____

三、课后作业

(一)选择题

1.球笼万向节的作用是将发动机的动力从变速器传递到(　　)。

A.离合器　　B.传动轴　　C.差速器　　D.驱动轮

2.万向节防尘套的作用主要是为了(　　)。

A.防水　　B.防热　　C.防尘　　D.防氧化

3.防尘罩主要作用在于防止灰尘进入球笼内和防止球笼内的(　　)流出。

A.机油　　B.润滑脂　　C.冷却液　　D.冷却水

(二)判断题

1.传动轴万向节防尘套破损不会出现润滑脂流失、尘土污染等现象。(　　)

2.若万向节出现磨损应进行更换。(　　)

3.装复传动轴时,应对其进行彻底清洗。(　　)

4.球笼万向节主要零件均采用精锻件加工而成。(　　)

5.如果装备了一个小型模压环,则用手持式砂轮机切割模压环以拆下模压环。(　　)

项目五　制动系统构造与维修

任务一　制动系统认知

【任务目标】

(1)能叙述制动系统的组成。

(2)能正确认识制动系统各零部件。

(3)能阐述制动系统各零部件的工作原理。

【任务准备】

一、什么是制动系统

汽车制动系统是指对汽车某些部分(主要是车轮)施加一定的力,从而对其进行一定程度的强制制动的一系列专门装置。

二、制动系统有什么作用

制动系统的作用是:使行驶中的汽车按照驾驶员的要求进行强制减速甚至停车;使已停驶的汽车在各种道路条件下(包括在坡道上)稳定驻车;使下坡行驶的汽车保持速度稳定。

三、制动系统的分类

(1)按功用分:行车制动系统(脚制动)、驻车制动系统(一般称手制动)、辅助制动。

①行车制动系统是驾驶员用脚来操纵的,故又称脚制动系统。它的功用是使正在行驶中的汽车减速或在最短的距离内停车。

②驻车制动系统是驾驶员用手来操纵的,故又称手制动系统。它的功用是使已经停在各种路面上的汽车驻留原地不动。

(2)按制动能量传输分:机械式、液压式、气压式、电磁式、组合式。

(3)按回路多少分:单回路制动系统、双回路制动系统。

(4)按能源分:人力制动系统、动力制动系统、伺服制动系统。

①人力制动系统——以驾驶员的肌体作为唯一的制动能源的制动系统。

②动力制动系统——完全靠由发动机的动力转化而成的气压或液压形式的势能进行制动的制动系统。

③伺服制动系统——兼用人力和发动机动力进行制动的制动系统。

四、制动系统的组成

制动系统主要由制动助力器、制动总泵、制动踏板总成、制动器(盘式或鼓式)、防抱死制动系统(ABS)、比例阀、驻车制动器等组成,如图5-1-1所示。

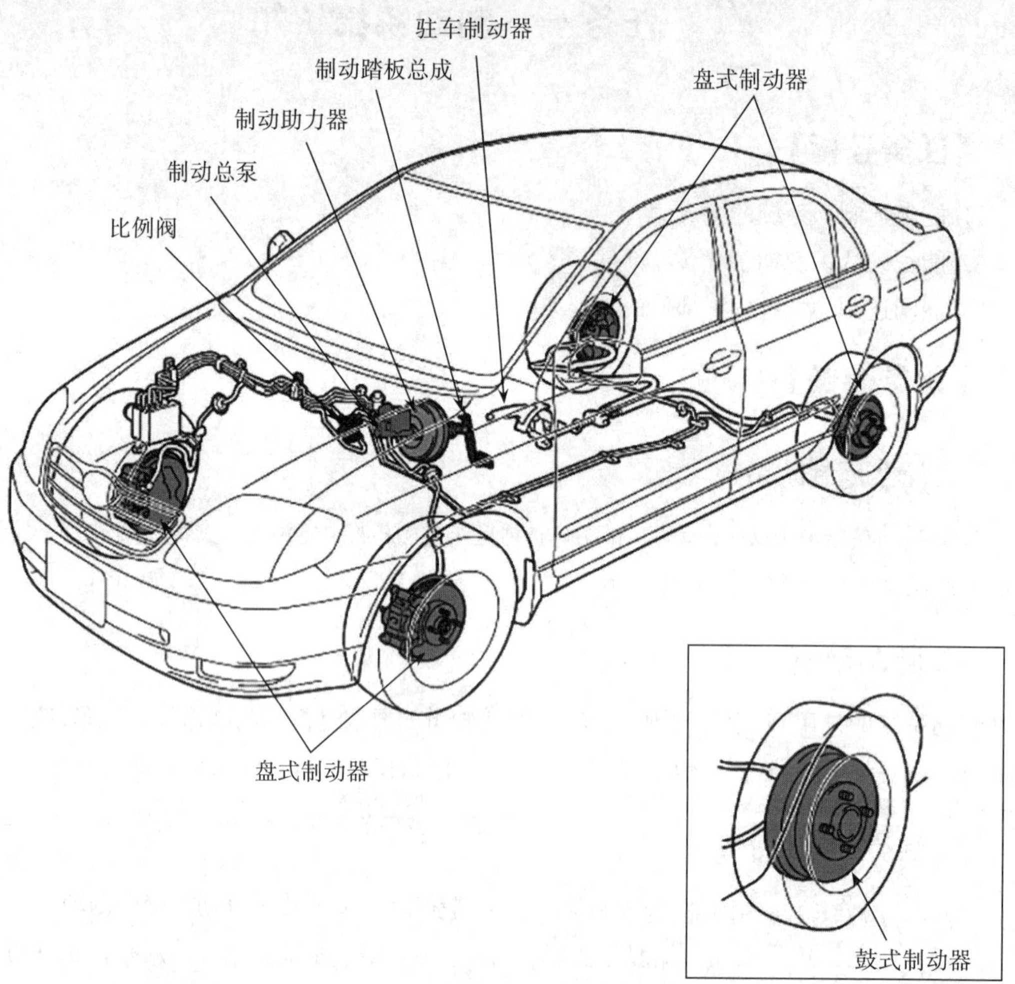

图5-1-1　制动系统的组成

1.制动助力器

(1)组成:制动助力器主要由真空助力器、真空软管等零件组成。

(2)工作原理:制动助力器是一种装置,利用发动机真空与大气压之间的差值产生与制动踏板力呈正比的强大力量(动力助力)来操纵制动器。

制动助力器是利用进气歧管里产生的真空(如果是柴油发动机,是真空泵)来帮助制动的。其结构如图5-1-2所示。

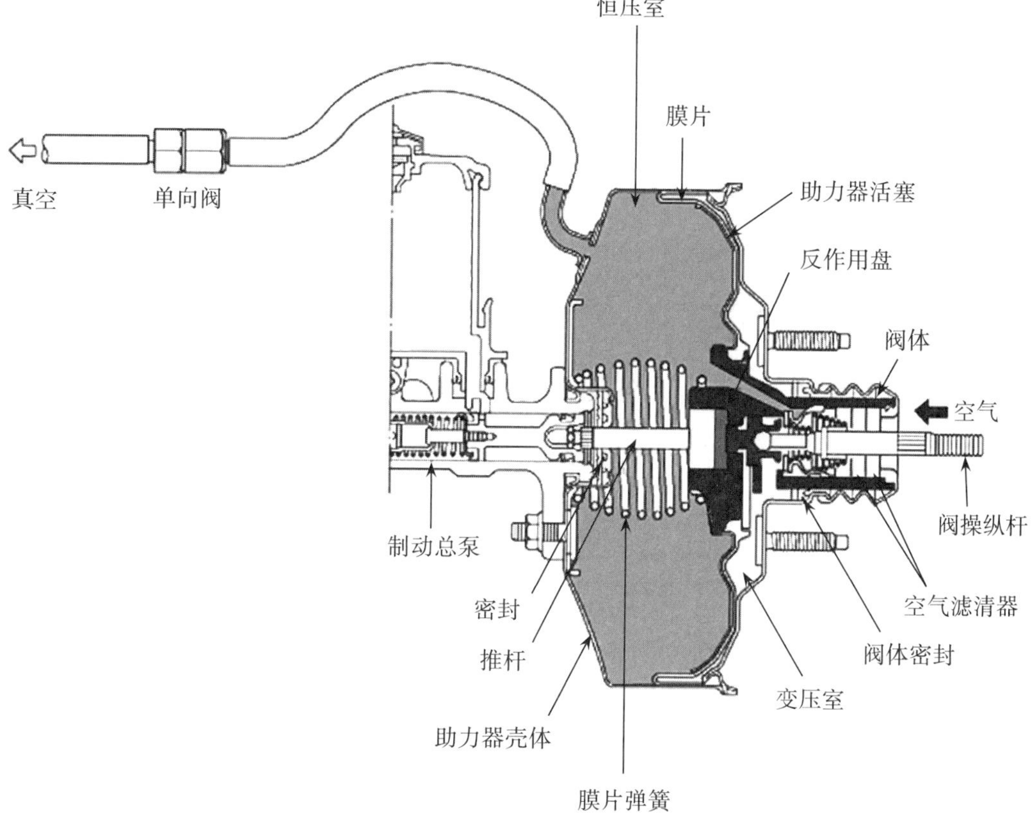

图5-1-2 制动助力器的组成

2.**制动总泵**

(1)组成:制动总泵由总泵体、活塞、储液罐等零件组成。

(2)工作原理:制动总泵的作用是将驾驶员的踏板力转变成液压力,并通过管路送至车轮制动器来推动摩擦片(刹车片)完成制动。在制动时,驾驶员通过制动踏板推动制动总泵内活塞移动,活塞通过皮碗将储液罐内刹车油顶出总泵,通过刹车油管将制动液送至车轮制动器。一般轿车采用双活塞制动总泵,由双管路将制动液输送至车轮制动器,储液罐内安装有低液位报警装置,具体结构如图5-1-3所示。

3.**制动踏板总成**

(1)组成:制动踏板总成由制动踏板、制动灯开关等零件组成。

(2)工作原理:制动踏板总成由支承销等零件安装在总成支架上,在驾驶员踩下时用来推动制动总泵,并同时连通制动灯开关,点亮制动灯,具体结构如图5-1-4所示。

4.**制动器**

(1)盘式制动器:用来自总泵的液压力通过制动管线推动活塞,使盘制动衬块落下夹紧盘制动系统的两侧并使轮胎停止转动。因此,因为转子盘和制动器摩擦片相互摩擦,此时就会摩擦发热。但是,因为盘制动转子和盘制动器壳体都是暴露的,所以产生的摩擦热很容易被散发掉。盘式制动器的结构如图5-1-5所示。

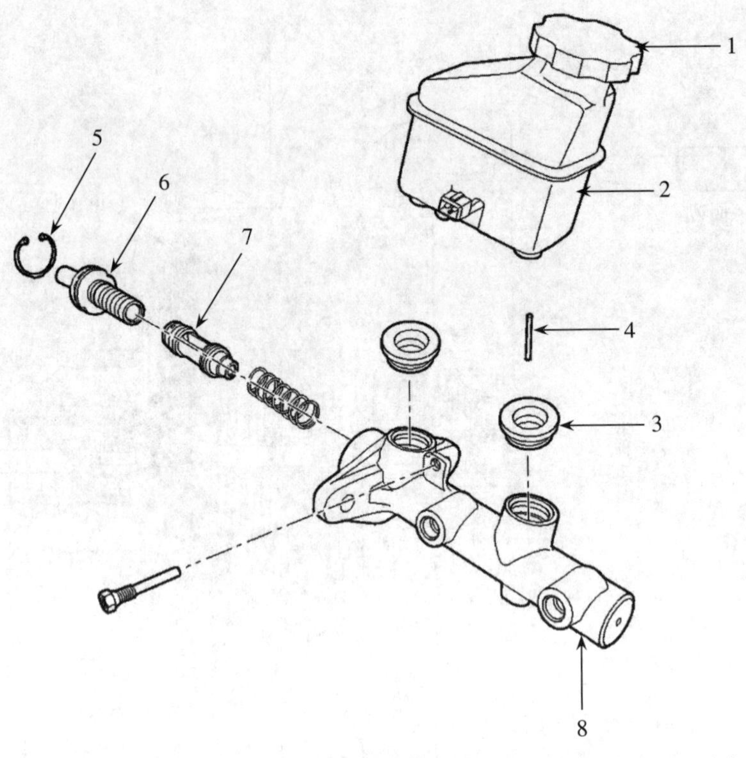

1-储液罐盖；2-储液罐；3-孔眼；4-卡销；5-挡圈；6-第一活塞总成；7-第二活塞总成；8-总泵体

图5-1-3　制动总泵结构图

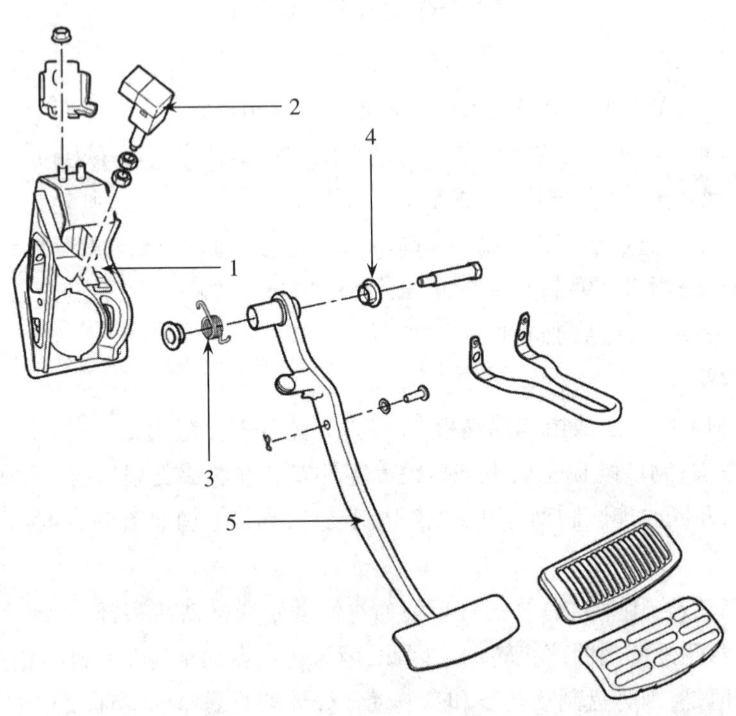

1-构件总成支架；2-制动灯开关；3-回位弹簧；4-衬套；5-制动踏板

图5-1-4　制动踏板总成结构图

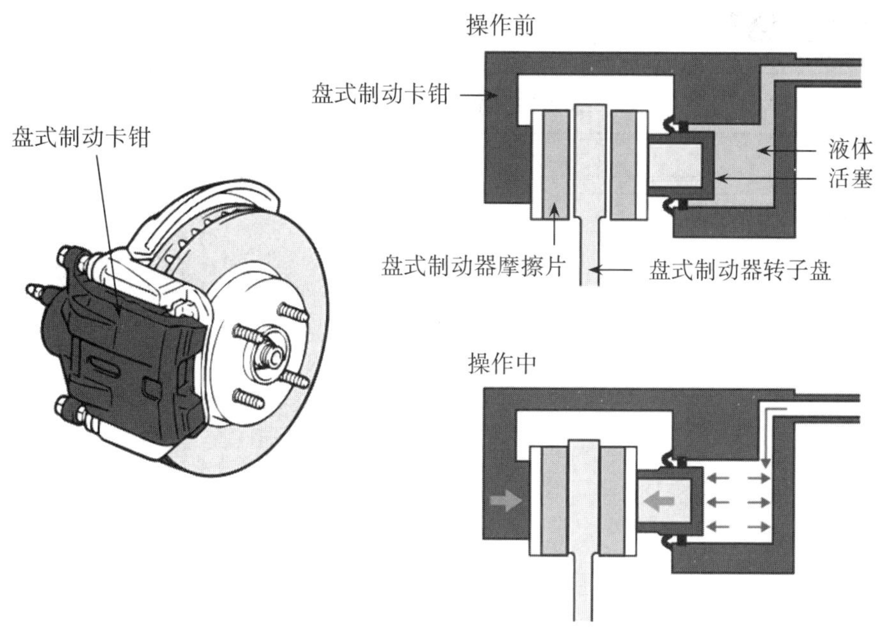

图 5-1-5　盘式制动器

(2)鼓式制动器:它的作用是使轮胎停止旋转。其原理是将液压力从总泵传送到轮缸来压下制动蹄片顶到制动鼓,该鼓是随轮胎一起转动的。当轮缸上的液压力消失时,回位弹簧的力推动制动蹄片,离开制动鼓的内表面并返回到原位。当制动蹄片被制动鼓包围时,很难将产生的热量散发掉,这种类型的制动器抗热性较差。鼓式制动器的结构如图 5-1-6 所示。

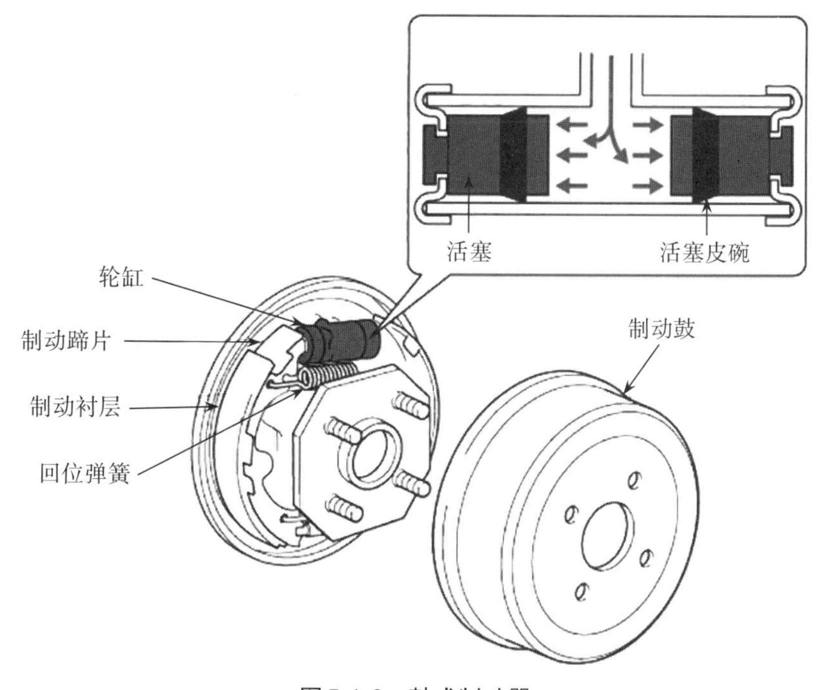

图 5-1-6　鼓式制动器

【任务实施】

制动系统认知工作页
车辆型号:________________
1.写出该车辆的制动系统类型
2.写出该车辆制动系统的主要零部件及作用

【任务反馈】

一、小组自查

组员姓名：　　　　　　　　　　　　　　　　　　　　在相应选项打"√"

序号	学习目标	能	不能	什么原因
1	能叙述制动系统的组成			
2	能正确认识制动系统各零部件			
3	能阐述制动系统各零部件的工作原理			

二、教师总体评价

1.对该小组同学们的整体评价。(　　)

A.组内学习气氛很好,组长负责。

B.组长能组织组员按要求完成学习任务,________组员能达到学习目标。

C.组内有40%以上的学员不能达到学习目标。

D.组内大部分学员不能达到学习目标。

2.对该组内同学们的单独评价

____

____

三、课后作业

(一)选择题

1.制动系统按功用分为行车制动系统、驻车制动系统和(　　)。

A.液压制动系统　　B.机械制动系统　　C.辅助制动系统　　D.电子制动系统

2.制动系统按回路多少分为单回路制动系统和(　　)。

A.双回路制动系统　B.三回路制动系统　C.四回路制动系统　D.五回路制动系统

3.制动总泵由总泵体、活塞和(　　)等零件组成。

A.泵罐　　B.储液罐　　C.泵管　　D.泵阀

(二)判断题

1.制动踏板总成由制动踏板、制动灯开关等零件组成。(　　)

2.制动助力器主要由真空助力器、真空软管等零件组成。(　　)

3.行车制动系统是驾驶员用脚来操纵的,故又称脚制动系统。(　　)

4.当制动蹄片被制动鼓包围时,很难将产生的热量散发掉,这种类型的制动器抗热性较差。(　　)

5.盘制动转子和盘制动器壳体都是暴露的,所以产生的摩擦热很容易散发掉。(　　)

任务二　驻车制动调节、制动踏板调整和制动助力器检查

【任务目标】

(1)能正确进行驻车制动调节。

(2)能正确进行制动踏板间隙调整。

(3)能掌握检查制动助力器的方法。

【任务准备】

一、行车制动装置

行车制动装置如图5-2-1所示。

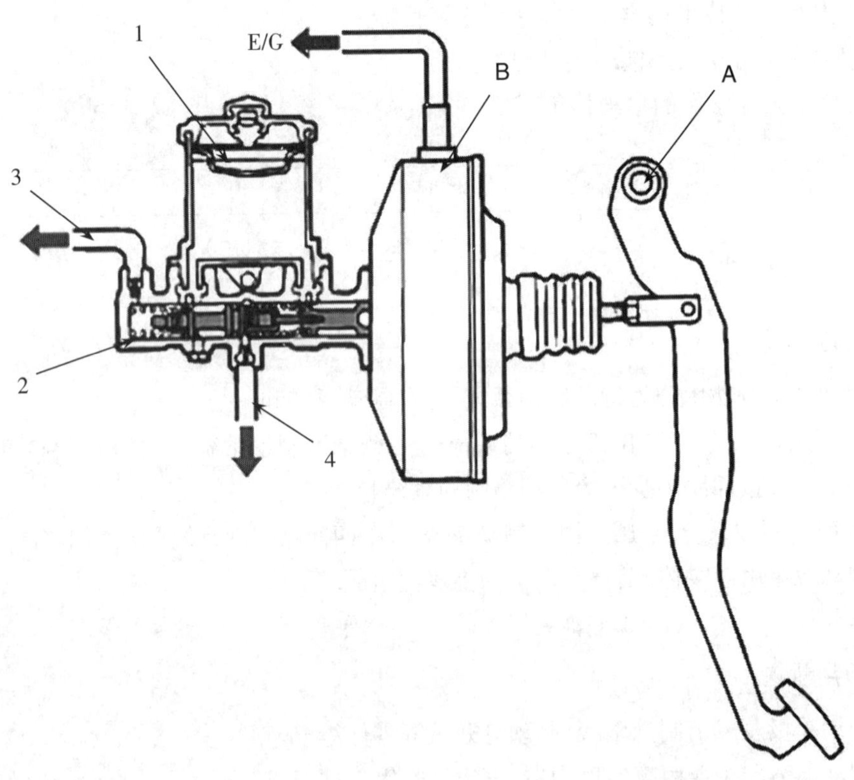

1-储液罐;2-主缸;3-制动管路到前轮制动器;4-制动管路到后轮制动器;A-制动踏板总成;B-制动助力器;E/G-真空软管到真空泵或进气管

图5-2-1　行车制动装置

二、驻车制动装置

驻车制动装置一般在车辆停放时使用，也可在紧急制动时使用，驻车制动工作时是对后轮进行机械锁定，如图5-2-2所示。

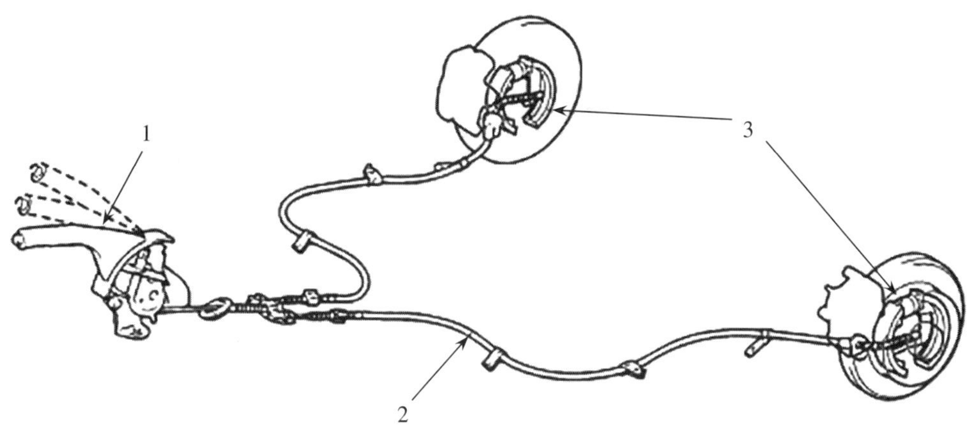

1-驻车制动杆；2-驻车制动拉线；3-后轮制动器

图5-2-2 驻车制动装置

1.驻车制动杆类型

杆式：主要应用于载客和商用车辆。

手柄式：应用于某些商用车辆。

踏板式：应用于某些客车和高档车辆。现今，部分车辆用踏板进行释放操作。如图5-2-3所示。

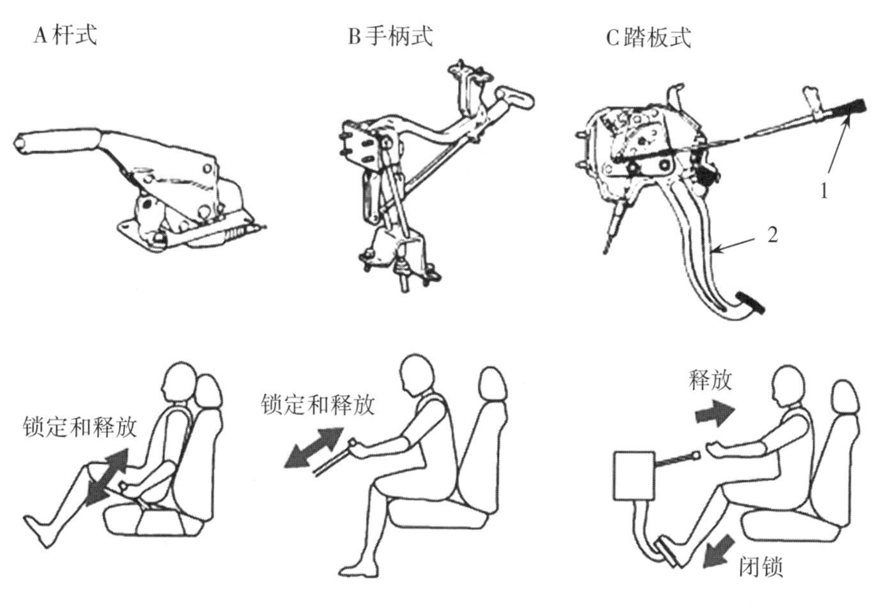

1-释放杆；2-踏板

图5-2-3 驻车制动杆类型

2.驻车制动器的类型

驻车制动器的类型取决于后制动器的类型，常见的驻车制动器如图5-2-4所示，有A制动鼓式；B制动盘式；C驻车专用制动器式（盘鼓式）；D中央制动器式。

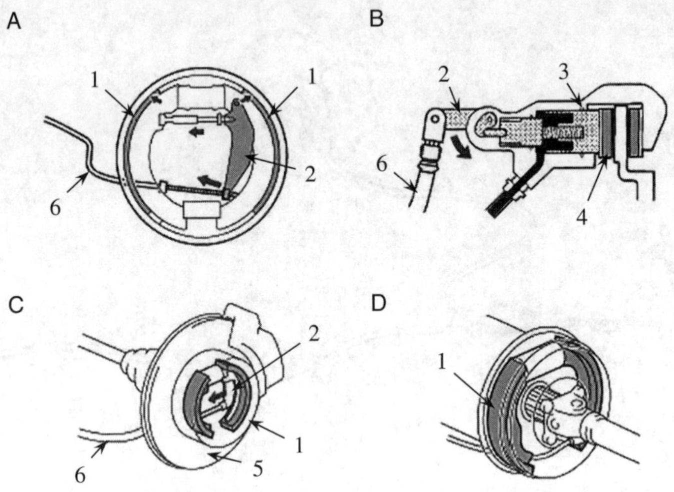

1-制动蹄片；2-制动蹄拉杆；3-活塞；4-盘式制动摩擦片；5-制动器盘；6-驻车制动器拉索

图5-2-4　驻车制动器的类型

三、制动助力器

（1）组成：制动助力器主要由真空助力器、真空软管等零件组成。

（2）工作原理：真空助力器安装在制动踏板和制动总泵之间，通过真空软管与发动机进气歧管相连。制动时，利用发动机进气歧管的真空力来辅助驾驶员推动制动总泵，减轻驾驶员的踏板操纵力。其结构如图5-2-5所示。

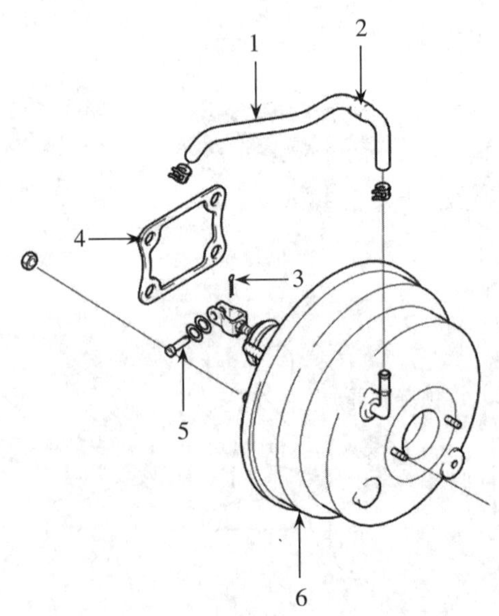

1-真空软管；2-单向阀；3-卡销；4-密封件；5-U形夹销；6-真空助力器

图5-2-5　制动助力器

四、制动踏板的调整方法

为了获得合适的制动力，需要适度的制动踏板行程。调整制动踏板，使未踩下制动踏板时不会“拖延”或“卡滞”。

1.检查项目

(1)踏板状态;(2)踏板高度;(3)踏板自由行程;(4)踏板行程余量。

2.检查的间隔

每10000千米或6个月。

3.检查

(1)踏板状态检查。

通过检查确保制动踏板没有下述任何故障:反应灵敏度差，踏板不完全落下，异常噪声，过度松动。

(2)制动踏板高度。

使用一把直尺测量制动踏板高度。如果超出规定范围，调整踏板高度。测量从驾驶室地板到制动踏板上表面的距离。如果必须要从地毯表面开始测量，则从标准值中扣除地毯的厚度，或者地毯和沥青纸毡的厚度。

制动踏板的测量如图5-2-6所示。首先，分离制动开关连接器，拧松制动开关锁紧螺母(A)，拧松制动开关(B)，直到它不再接触制动踏板为止;其次，抬起地毯。去掉隔离器状态下，从踏板垫(D)的左侧中央位置测量踏板高度(C)。

制动踏板的调节如图5-2-7所示。拧松推杆锁紧螺母(A)，用钳子向内、外扭转推杆，直到踏板距离驾驶室地板的高度达到标准值为止。调整后，牢固地拧紧锁紧螺母。

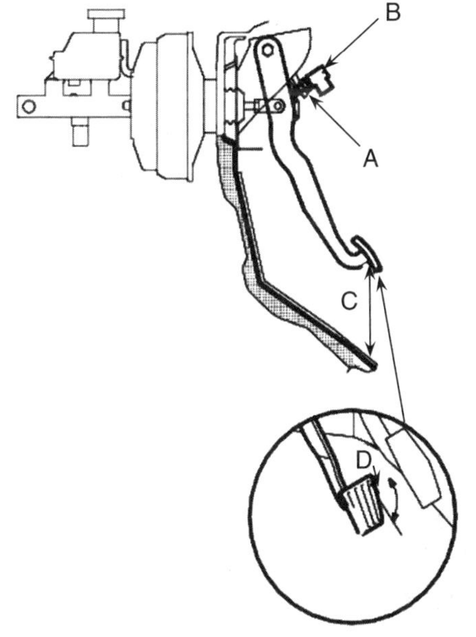

图5-2-6　制动踏板高度测量

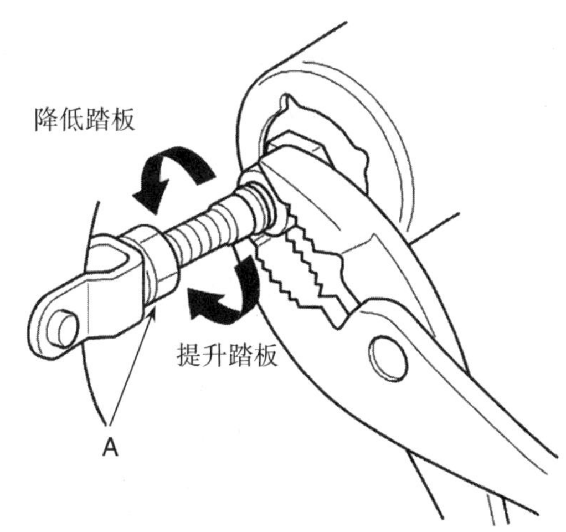

图5-2-7　制动踏板高度调节

(3)制动踏板自由行程。

在发动机停止运转状态下,踩动制动踏板两到三次。清除制动助力器内的真空后,手动按下踏板(B),确定遇到阻力前的移动量(A)(自由行程)在标准值范围内,如图5-2-8。

如果自由间隙没有达到标准值,检查制动灯开关(C)外壳和制动踏板之间的间隙是否在标准值内。如果间隙超过标准值,可能是U形夹销与制动踏板臂之间的间隙过大造成的。检查间隙是否过大,按需要更换故障部件。

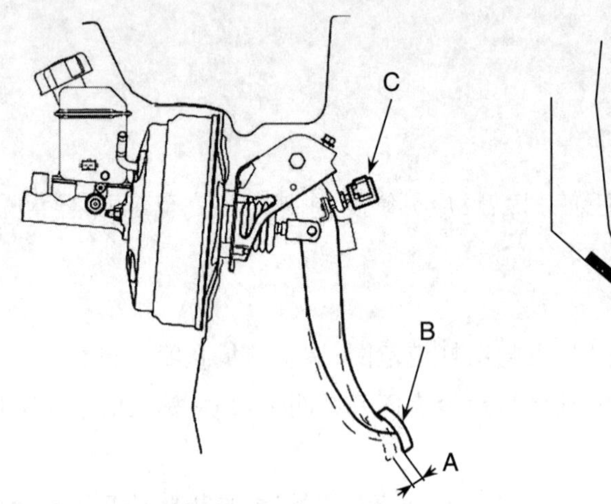

图5-2-8 制动踏板自由行程测量

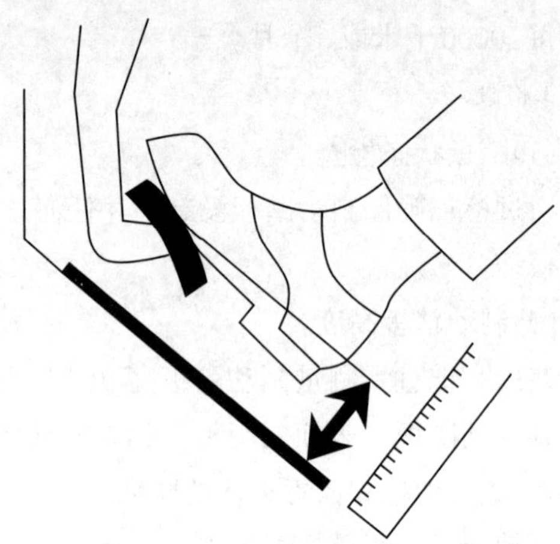

图5-2-9 制动踏板行程余量检查

(4)制动踏板行程余量检查。

发动机运转和驻车制动器松开时,使用490 N踩下制动踏板,然后使用一把标尺测量踏板行程余量,以便检查其是否处于规定的范围内。制动踏板行程余量的测量,如图5-2-9所示。

五、制动助力器的检查方法

(1)起动发动机,运转1~2分钟后停止运转。如果制动踏板第一次可完全踩下,但接下来踩时,每次制动踏板高度都逐步上升,说明制动助力器工作正常,如果踏板高度无变化,说明制动助力器已损坏。如图5-2-10所示。

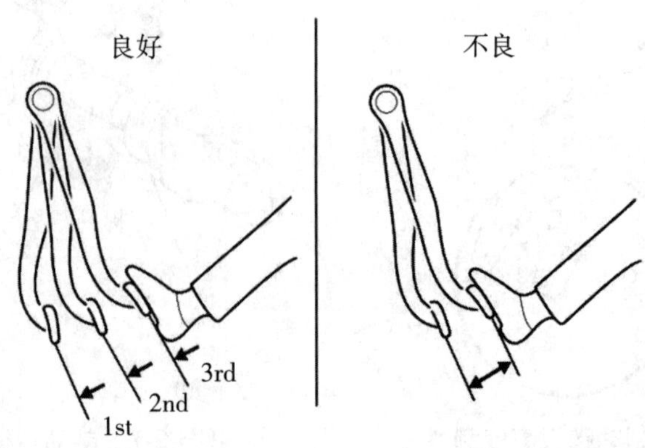

图5-2-10 制动助力器的检查(方法一)

(2)在发动机停止运转状态下,数次踩动制动踏板。然后,在踩下制动踏板的状态下,起动发动机。这时,如果制动踏板略微向下移动,说明制动助力器工作正常。如果无变化,说明制动助力器损坏。如图5-2-11所示。

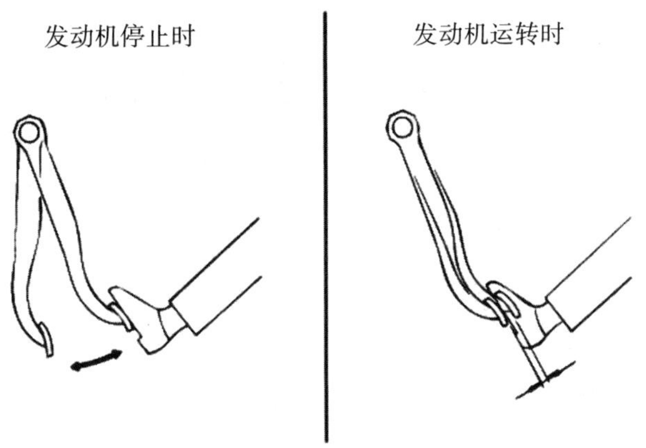

图5-2-11 制动助力器的检查(方法二)

(3)发动机运转状态下,踩下制动踏板后停止发动机。踩下制动踏板保持30秒。如果踏板高度不变化,说明助力器处于良好状态。如果踏板升高,说明助力器存在故障。如果以上测试执行三次都良好,说明助力器性能良好。如果三次测试中一次不良,应检查单向阀、真空软管和助力器是否存在故障。如图5-2-12所示。

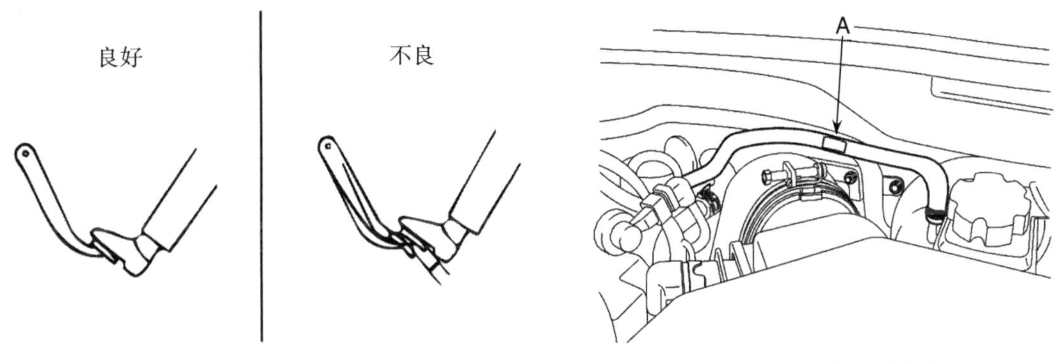

图5-2-12 制动助力器的检查(方法三)

图5-2-13 检查真空单向阀

(4)分离助力器上的制动助力器真空软管(内装单向阀)(A)。起动发动机并使其怠速运转,应该获得真空。如果不能获得真空,说明单向阀不能正常工作,则应更换制动助力器真空软管和单向阀并重复测试,如图5-2-13所示。

六、驻车制动的调节方法

1.驻车制动杆行程

检查驻车制动杆行程时,驻车制动杆行程在预定的槽数内(拉动时可以听到咔嗒声,一般为6~8次)。如果不符合标准,调整驻车制动杆的行程。当驻车制动杆行程超出规定值,则应

先调整后制动蹄片或驻车制动蹄片的间隙，然后调整驻车制动杆行程。如图5-2-14所示。

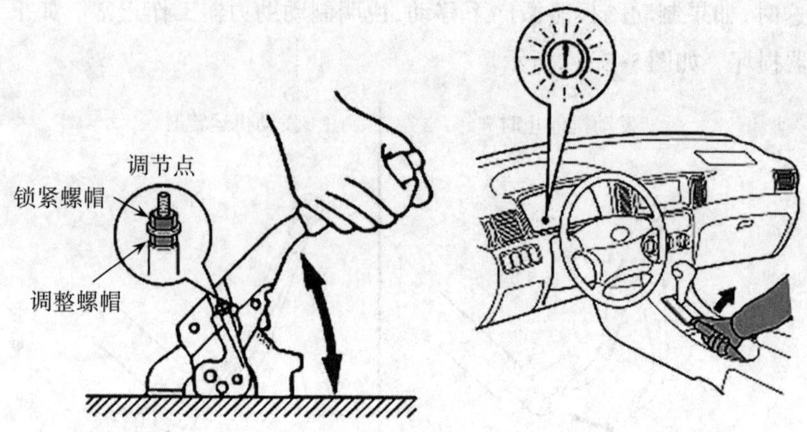

图5-2-14　驻车制动杆行程检查及驻车制动指示灯检查

2.指示灯的工作情况

在点火开关位于"ON"时，检查以确保当操作驻车制动杆时，在拉动驻车制动杆到达第一个槽口前，指示灯就已经亮起。如图5-2-14所示。

3.驻车制动杆行程调整

调整驻车制动杆(或者踏板)行程之前，确保驻车制动蹄片间隙已经调整好。

驻车制动杆行程调整步骤：(1)松开锁止螺母；(2)转动调整螺母或者调整六角螺栓直到驻车制动杆或者踏板行程已经正确；(3)上紧锁止螺母。

4.驻车制动器的调节

一般来说，驻车制动器有制动鼓式、制动盘式、驻车专用制动器式(盘鼓式)、中央制动器式。制动盘式驻车制动器是自动调节的，不需要人工调节。制动鼓式车轮制动器调节此处略去，可查找相关资料自学。盘鼓式制动器与中央制动器式基本原理相同，以盘鼓式制动器为例进行介绍。操作步骤为：(1)举升车辆，确保稳固支撑；(2)拆卸后轮和轮胎；(3)从制动盘上拧下螺塞；(4)使用一字螺丝刀(A)转动齿轮直到制动盘不能转动为止，然后按相反方向转动5个齿。如图5-2-15所示。

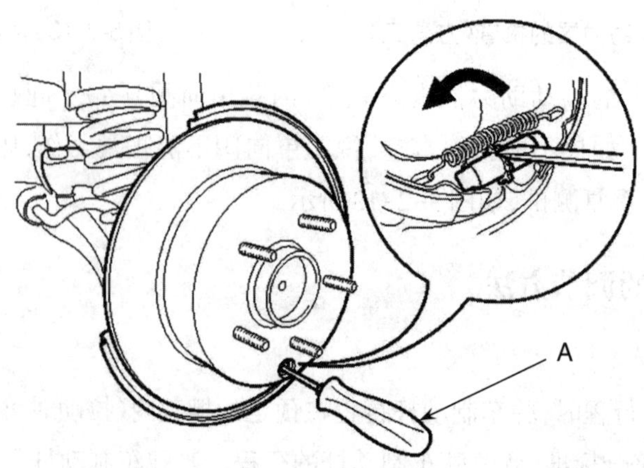

图5-2-15　驻车专用制动器(盘鼓式制动器)的调节

【任务实施】

<table>
<tr><th colspan="2">驻车制动调节、制动踏板调整和制动助力器检查工作页</th></tr>
<tr><td colspan="2">车辆型号：________________</td></tr>
<tr><td>该车辆驻车制动调节、制动踏板调整的关键步骤</td><td>所需工具</td></tr>
<tr><td>检查该车辆制动助力器的关键步骤</td><td>所需工具</td></tr>
</table>

【任务反馈】

一、小组自查

组员姓名：　　　　　　　　　　　　　　　　　　　　　　在相应选项打"√"

序号	学习目标	能	不能	什么原因
1	能正确进行驻车制动调节			
2	能正确进行制动踏板间隙调整			
3	能掌握检查制动助力器的方法			

二、教师总体评价

1.对该小组同学们的整体评价。(　　)

A.组内学习气氛很好,组长负责。

B.组长能组织组员按要求完成学习任务,________组员能达到学习目标。

C.组内有40%以上的学员不能达到学习目标。

D.组内大部分学员不能达到学习目标。

2.对该组内同学们的单独评价

____

____

三、课后作业

(一)选择题

1.驻车制动工作时是对后轮(　　)进行机械锁定。

A.前轮　　B.发动机　　C.后轮　　D.变速器

2.一般来说,驻车制动器有制动鼓式、制动盘式、驻车专用制动器式(盘鼓式)和(　　)。

A.中央制动器式　　B.边缘制动器式　　C.循环制动器式　　D.单向制动器式

3.制动助力器主要由真空助力器和(　　)等零件组成。

A.真空软管　　B.储液罐　　C.泵管　　D.泵阀

(二)判断题

1.制动盘式驻车制动器是自动调节的,不需要人工调节。(　　)

2.调整驻车制动杆或者踏板行程之前,必须确保驻车制动蹄片间隙已经调整好。(　　)

3.制动助力器如果不能获得真空,单向阀不能正常工作。(　　)

4.起动发动机运转1~2分钟后停止运转,如果制动踏板第一次可完全踩下,但接下来踩时,每次制动踏板高度都逐步上升,说明制动助力器工作正常。(　　)

5.如果间隙超过标准值,可能是U形夹销与制动踏板臂之间的间隙过大造成的。(　　)

任务三　检查、更换制动摩擦片

【任务目标】

(1)能叙述检查、更换制动摩擦片的重要性。

(2)能够检查和更换制动摩擦片。

(3)知道在什么情况下需要检查和更换制动摩擦片。

【任务准备】

一、车轮制动器

常见的车轮制动器有盘式制动器和鼓式制动器两种。它们的基本结构如图5-3-1、图5-3-2所示。

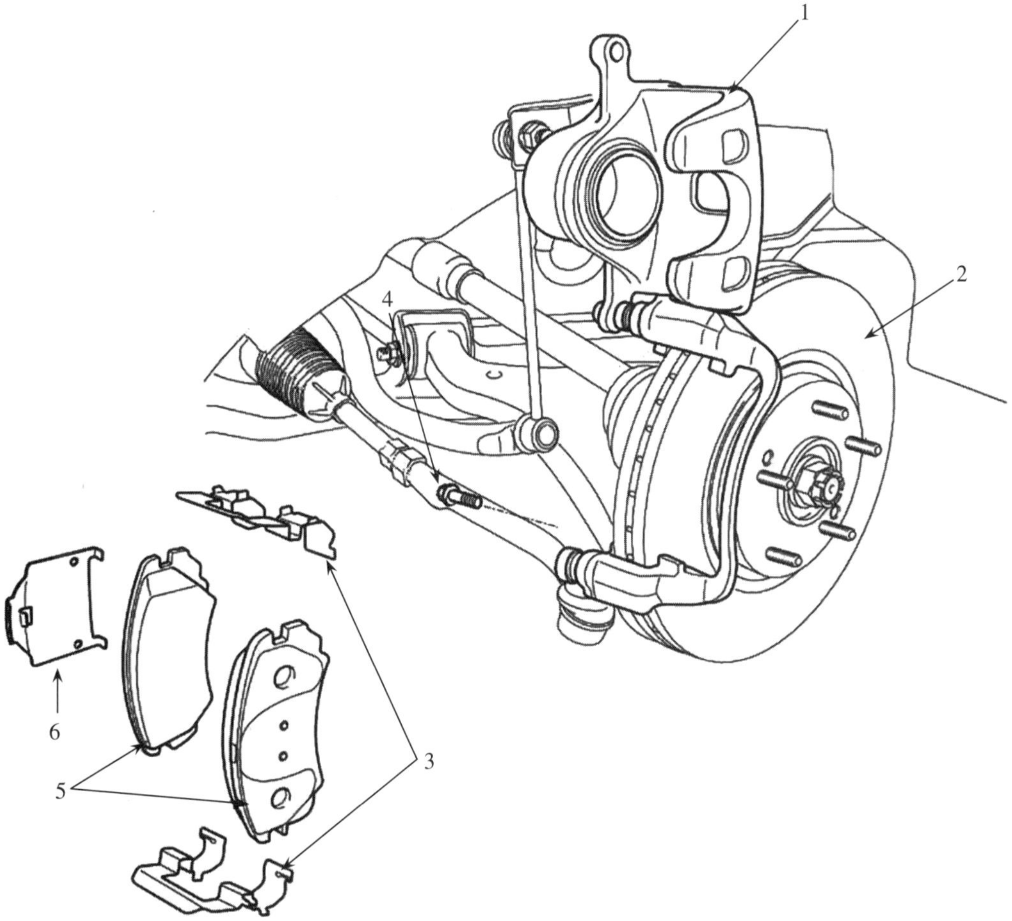

1-制动钳;2-制动盘;3-制动片固定弹簧;4-制动卡钳导向销螺栓;5-制动片;6-制动片垫片

图5-3-1　盘式制动器

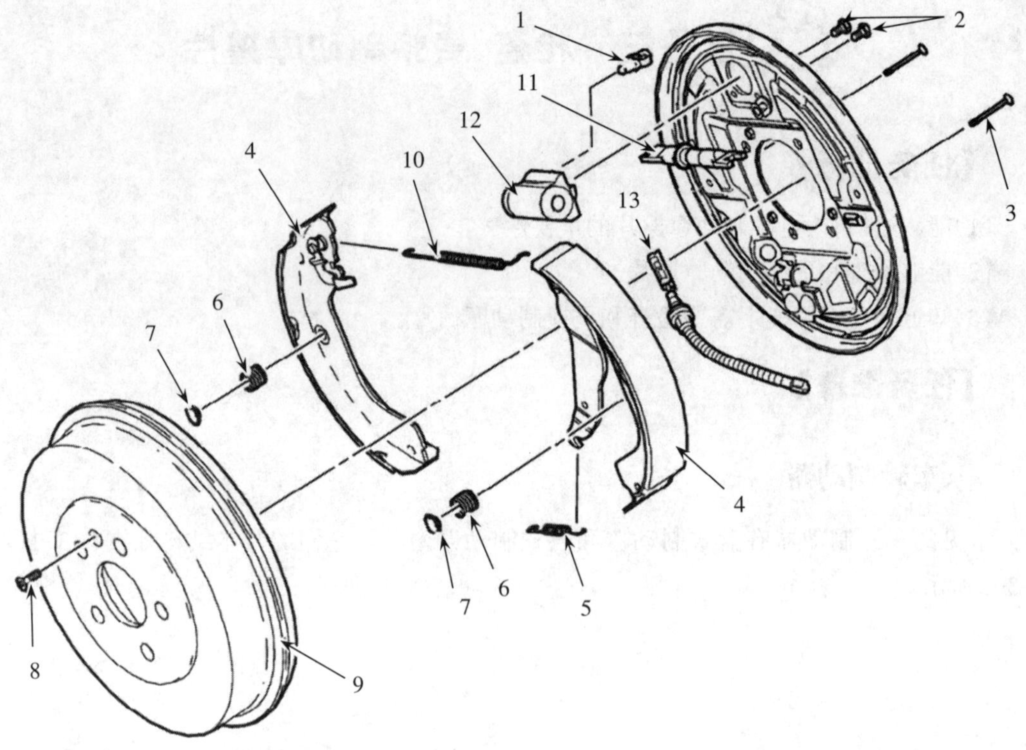

1-制动分泵排气阀；2-制动分泵安装螺栓；3-限位弹簧销；4-制动蹄片；5-制动蹄片回位弹簧；6-制动蹄片限位弹簧；7-制动蹄片限位弹簧帽；8-制动鼓安装螺栓；9-制动鼓；10-调节弹簧；11-调节器总成；12-制动分泵；13-驻车拉索

图5-3-2　鼓式制动器

由于盘式制动器有制动性能稳定、散热效果好等优点，越来越多的轿车采用盘式制动器，为了降低成本，部分低档轿车采用前轮盘式制动器、后轮鼓式制动器的结构。

二、制动摩擦片的检查、更换方法

(一)实践操作准备

轿车4辆、带举升机工位4个、常用工具箱4套、新制动摩擦片4套、磁力表座及百分表、钢直尺、维修手册、抹布等。

(二)操作步骤

1.盘式制动器的拆装

(1)制动摩擦片的拆卸。

①基本准备工作。安装车辆挡块、前格栅布及翼子板布，如图5-3-3、图5-3-4所示。

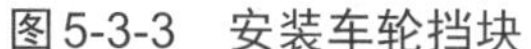

图5-3-3　安装车轮挡块

图5-3-4　安装前格栅布及翼子板布

②取下轮毂装饰罩及预松轮胎螺栓，如图5-3-5、图5-3-6所示。

图5-3-5　取下轮毂装饰罩

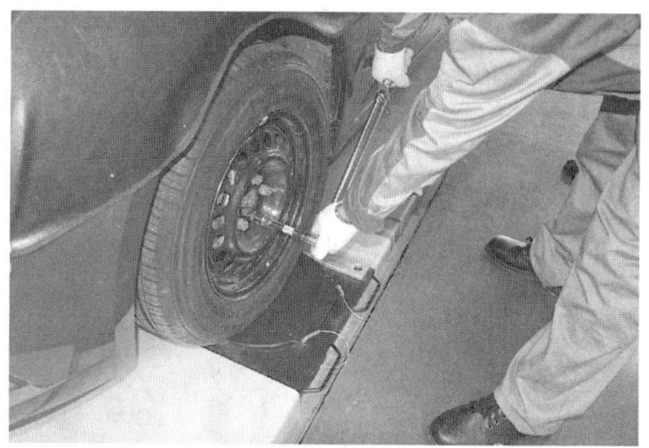

图5-3-6　预松车轮螺栓

③举升车辆至合适位置，拆下车轮，如图5-3-7所示。

图5-3-7　举升车辆，拆下车轮

④拆卸制动卡钳安装螺栓，取下制动卡钳，如图5-3-8所示。

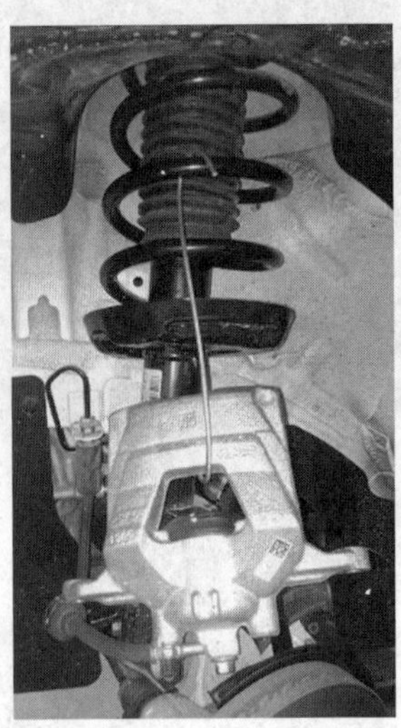

图5-3-8　拆卸制动卡钳安装螺栓，取下制动卡钳

注意：只能用酒精清洁制动钳。

⑤取出制动摩擦片，如图5-3-9所示。

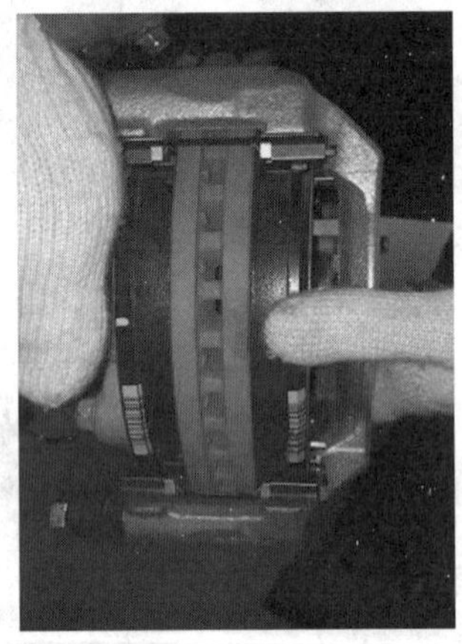

图5-3-9　取出制动摩擦片

（2）检查、测量。

①制动摩擦片的检查，如图5-3-10所示。

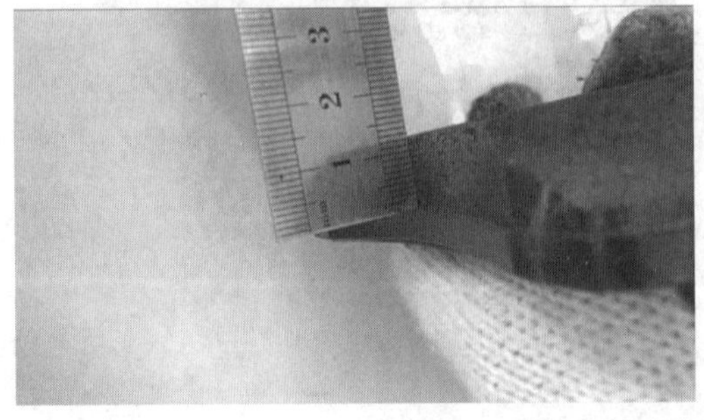

图5-3-10　制动摩擦片厚度及平面度检查

查阅维修手册，该车制动摩擦片的标准值是＿＿＿＿＿＿，极限值是＿＿＿＿＿＿。

②制动盘的检查，如图 5-3-11 所示。

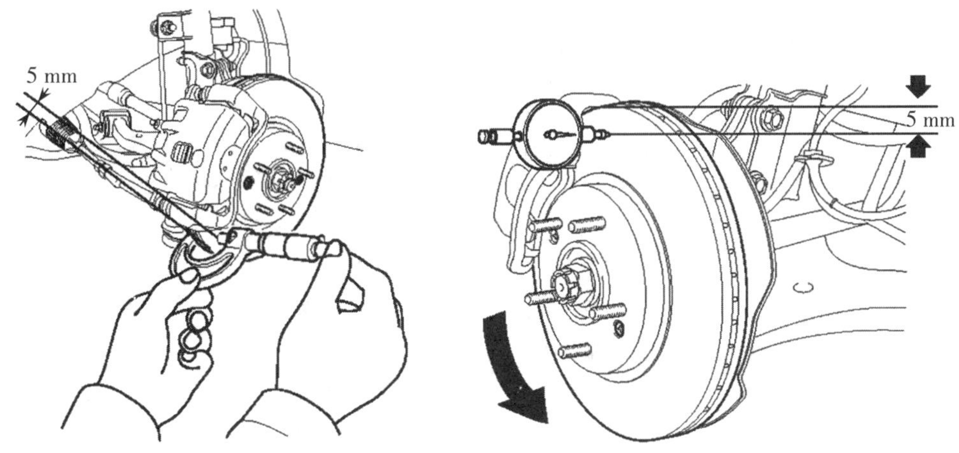

图 5-3-11 制动盘厚度及圆跳动检查

一般来说，制动盘厚度及圆跳动在距离制动盘边缘 5 mm 处测量(不是绝对的，不同车型的要求不一样)，如图 5-3-12 所示。

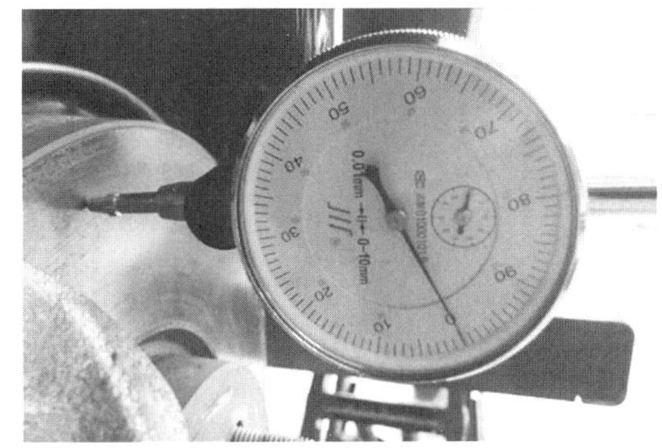

图 5-3-12 制动盘圆跳动检查

从图 5-3-12 可知，测量制动盘圆跳动时，百分表内圈指针一般压在________mm 处。外圈指针调整到________处。

③制动卡钳导向销的检查，如图 5-3-13 所示。

图 5-3-13 制动卡钳导向销的检查

制动卡钳导向销检查:制动卡钳导向销移动是否受限,制动卡钳导向销是否卡死或卡滞,护套是否开裂或破损。如果发现上述任何状况,则需要更换制动卡钳导向销和/或护套。安装时需涂抹上润滑脂。

④制动片固定弹簧及活塞检查,如图5-3-14所示。

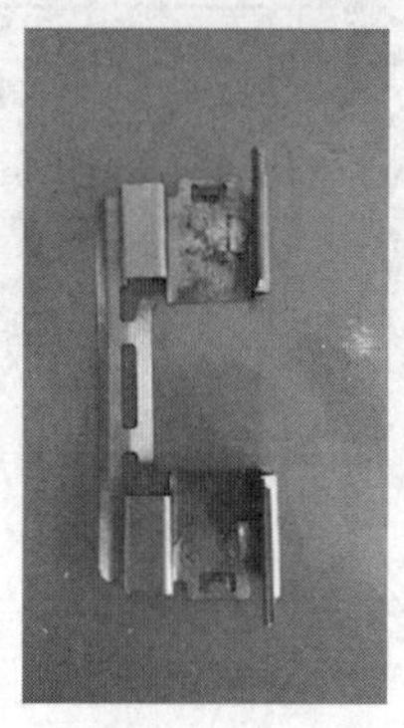

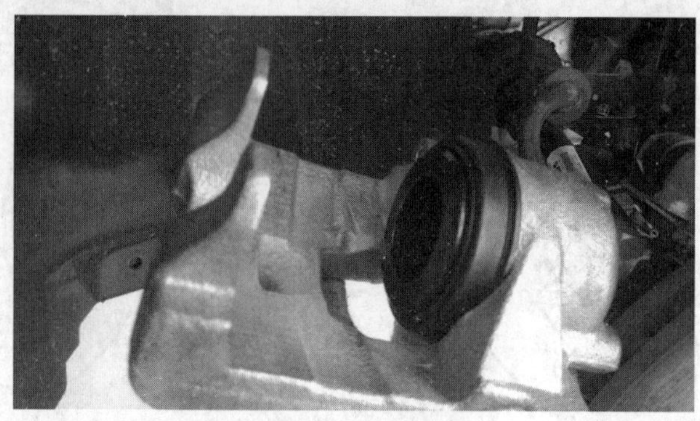

图5-3-14　制动片固定弹簧及活塞检查

检查制动片固定弹簧,若存在弯曲、变形、严重腐蚀等情况则应更换制动片固定弹簧。

检查活塞时,观察活塞是否有护套破损、漏油等状况,若出现则应更换活塞或大修。

(3)盘式制动摩擦片的安装,如图5-3-15所示。

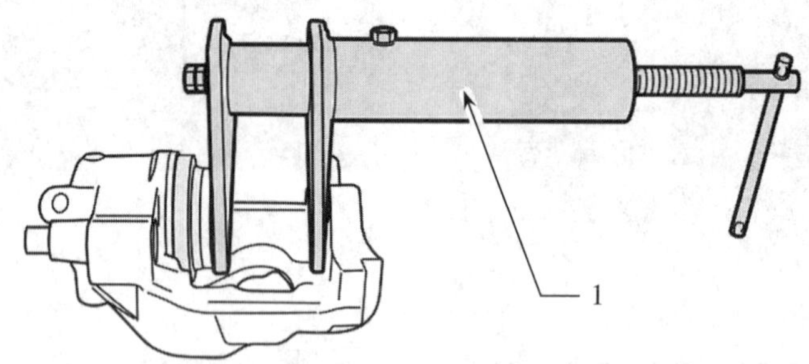

图5-3-15　用专用工具1压缩制动分泵活塞

如图5-3-15所示,用专用工具1(制动分泵活塞压缩器)将制动分泵活塞压缩至油缸底部,安装两块新制动片,按照拆卸相反的顺序安装制动摩擦片。

(4)安装轮胎和车轮总成,降下车辆。

(5)每次更换制动摩擦片后要在静止状态下多次将制动踏板用力踩到底,以便制动摩擦片进入与其运行状态相对应的位置,如图5-3-16所示。

图5-3-16　踩下制动踏板,正确就位制动卡钳活塞与制动摩擦片

(6)检查制动液储液罐中液位，加注制动液至适当液位。

2.鼓式制动器的拆装

(1)制动蹄片的拆卸。

①基本准备工作(安装车轮挡块、翼子板布、松开手刹)。

②取下轮毂装饰罩及预松轮胎螺栓。

③举升车辆至合适位置、拆下车轮。

④取下制动鼓。

⑤拆卸调节器总成。

注意：切勿拉长调解器弹簧，如果过度拉伸弹簧，可能发生损坏。

⑥拆卸制动蹄片弹簧。

⑦取下制动蹄片。

(2)检查、测量。

①制动鼓表面检查。

检查制动鼓内表面是否存在严重锈蚀或点蚀、开裂、缺失配重等情况，如果出现任何一种现象，都要对制动鼓进行修复或更换。将千分尺表头与制动鼓内表面呈90°接触，且距离制动鼓外边缘约19 mm，测量并记录制动鼓的径向跳动量，如果制动鼓的径向跳动量超过规格，则制动鼓需要进行表面修整或更换。

②制动鼓直径的测量。

使用工业酒精或同等级制动器清洗剂，清洗制动鼓的制动蹄片摩擦衬片的接触面。使用制动鼓千分尺测量并记录制动鼓圆周上均匀分布的4个或更多点的最大直径，每次测量时务必保证千分尺放置在距离制动鼓外边缘的同等距离。将测量结果和标准规格相比较，若不符合规格要求，则需要对其进行表面修整或更换。

③鼓式制动器构件的检查。

第一，目视检查调节器执行器弹簧是否存在弯曲、变形、腐蚀。

第二，目视检查调节器总成是否存在弯曲、开裂、过度磨损或损坏。

第三，目视检查调节器执行器杆是否存在弯曲、开裂、磨损。

第四，目视检查车轮制动分泵护套是否存在磨损、漏油。

如果出现上述任何情况，则更换相应的零部件。

④制动蹄片的检查。

使用游标卡尺测量制动蹄片的厚度并做好记录，如果测量结果小于标准规格，则必须更换制动蹄片。

(3)鼓式制动蹄片的安装。

按照与拆卸相反的顺序对制动蹄片进行安装。

(4)安装轮胎和车轮总成，降下车辆。

(5)每次更换制动摩擦片后要在静止状态下多次将制动踏板用力踩到底，以便制动摩擦片进入与其运行状态相对应的位置。

(6)检查制动液储液罐中液位，加注制动液至适当液位。

【任务实施】

检查、更换制动摩擦片工作页	
车辆型号:____________	
检查、更换该车辆制动摩擦片的关键步骤	所需工具

【任务反馈】

一、小组自查

组员姓名：　　　　　　　　　　　　　　　　　　　　在相应选项打“√”

序号	学习目标	能	不能	什么原因
1	能叙述检查、更换制动摩擦片的重要性			
2	能够检查和更换制动摩擦片			
3	知道在什么情况下需检查和更换制动摩擦片			

二、教师总体评价

1.对该小组同学们的整体评价。(　　)

A.组内学习气氛很好，组长负责。

B.组长能组织组员按要求完成学习任务，________组员能达到学习目标。

C.组内有40%以上的学员不能达到学习目标。

D.组内大部分学员不能达到学习目标。

2.对该组内同学们的单独评价

____

____

三、课后作业

(一)选择题

1.常见的车轮制动器有盘式制动器和(　　)两种。

A.球式制动器　　B.碗式制动器　　C.鼓式制动器　　D.勺式制动器

2.一般来说，制动盘厚度及圆跳动在距离制动盘边缘(　　)处测量。

A.4 mm　　B.5 mm　　C.6 mm　　D.7 mm

3.进行制动鼓表面检查时，将千分尺表头与制动鼓内表面呈(　　)接触。

A.75°　　B.80°　　C.90°　　D.95°

(二)判断题

1.鼓式制动蹄片的安装应按照与拆卸相反的顺序进行。　(　　)

2.检查制动鼓内表面是否存在严重锈蚀或点蚀、开裂、缺失配重等情况，如果出现任何一种现象，都要对制动鼓进行修复或更换。　(　　)

3.每次更换制动摩擦片后要在静止状态下多次将制动踏板用力踩到底。　(　　)

4.检查活塞时，观察活塞是否有护套破损、漏油等状况，若出现则更换或大修。　(　　)

5.由于盘式制动器有制动性能稳定、散热效果好等优点，越来越多的轿车采用盘式制动器。　(　　)

任务四　ABS系统传感器检查与更换

【任务目标】

(1)能叙述ABS警告灯常亮的故障原因。

(2)能够正确、规范地对车轮速度传感器进行拆装。

(3)能够用万用表检查车轮速度传感器是否正常。

【任务准备】

一、车辆ABS相关知识

点火开关置于"ON"后,ABS警告灯会持续亮几秒钟。在这个过程中ABS系统进行自诊断,如果整个系统正常,警告灯熄灭。如果警告灯持续亮起,表明ABS系统有故障。当ABS系统有电子元件发生故障时,ECU会将故障以故障代码的方式储存在ABS—ECU中,并点亮仪表板上的ABS故障警告灯,用以提醒驾驶者尽快检查车辆。ABS警告灯不熄灭(如图5-4-1),一般可分为以下几种原因:

图5-4-1　ABS警告灯不熄灭

(1)蓄电池电压过低或保险丝熔断,如图5-4-2所示。

(2)ABS系统导线断线、插头松动或继电器插接不牢固,如图5-4-3所示。

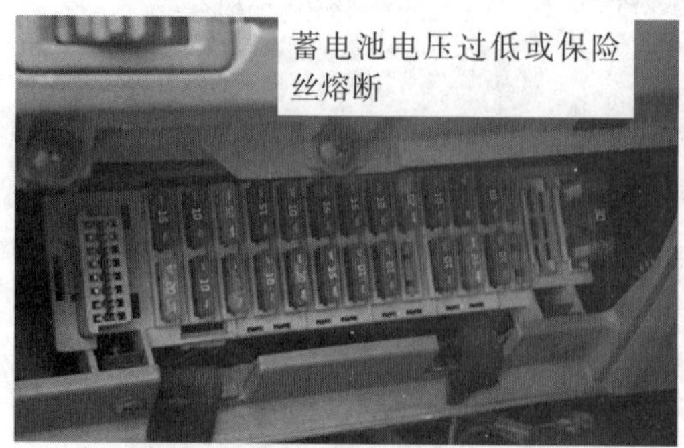

图5-4-2　车辆保险盒

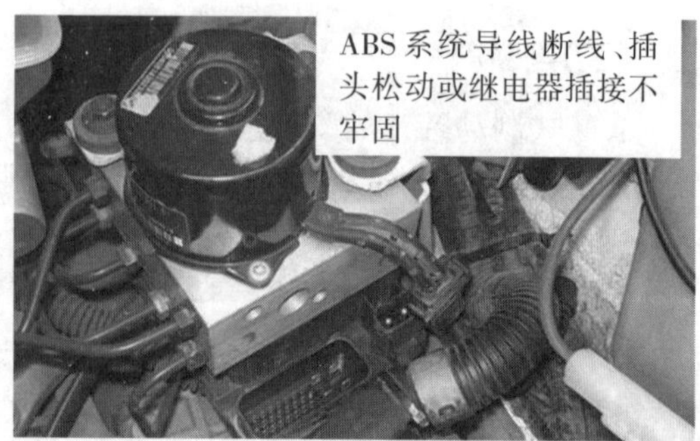

图5-4-3　ABS控制单元插接器

(3)液压调节装置不良,如图5-4-4所示。

(4)电子控制装置不良,如图5-4-5所示。

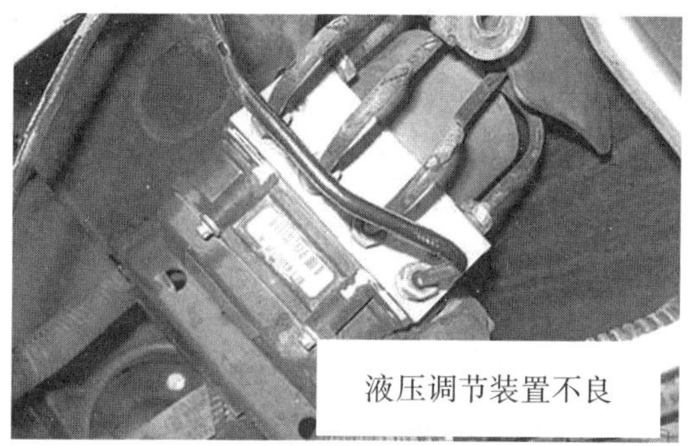

图5-4-4 ABS液压调节装置

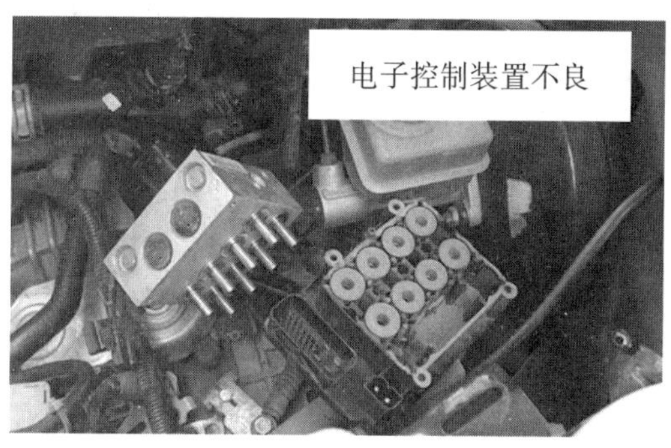

图5-4-5 ABS电子控制装置

(5)车轮速度传感器不良,如图5-4-6所示。

图5-4-6 车轮速度传感器

二、车轮速度传感器的拆装与检查方法

液压调节装置和电子控制装置是ABS系统的核心元件,这样的元件一般是比较精密的,不会轻易损坏。对于才行驶了1万千米的车来说,一般不会发生故障,还是要先从常规的检查开始。

用专用故障诊断仪,检查验证车辆故障代码。

第一,将故障诊断仪连接至车辆故障诊断座,将点火开关转至“ON”;第二,验证故障代码输出;第三,检查轮速传感器的连接器是否连接牢固,检查时应断开连接器对轮速传感器进行检查。

具体操作步骤如下:

1.前轮轮速传感器检查与更换

(1)前轮速传感器的拆卸。

①拆卸前轮。规定拧紧力矩:88.3~107.9 N·m。

②拧下前轮速传感器固定螺栓A,如图5-4-7所示。规定拧紧力矩:7.8~9.8 N·m,如图5-4-7所示。

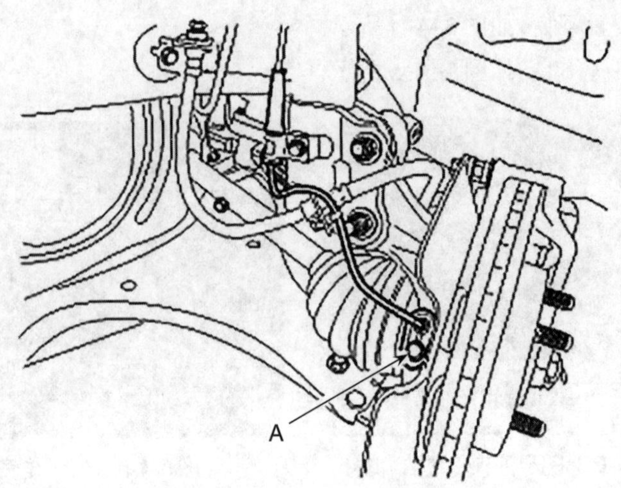

图5-4-7　拆卸前轮速传感器

③拆卸前轮挡泥板。

④拧下前轮速传感器线束固定螺栓A。

⑤分离前轮速传感器的连接器，拆卸前轮速传感器。

(2)前轮速传感器的检查。

进行轮速传感器检查时，应首先检查传感器头部是否粘有异物，若有，则清除；然后检查传感器是否损伤，若损伤，应更换。

①测量前轮速传感器的连接器端子与车身搭铁之间的输出电压，如图5-4-8所示。

注意：为了保护轮速传感器，测量输出电压时，要连接使用100 Ω电阻器，如图5-4-8所示，测量轮速传感器输出电压电路。ABS轮速传感器主要参数如表5-4-1所示。

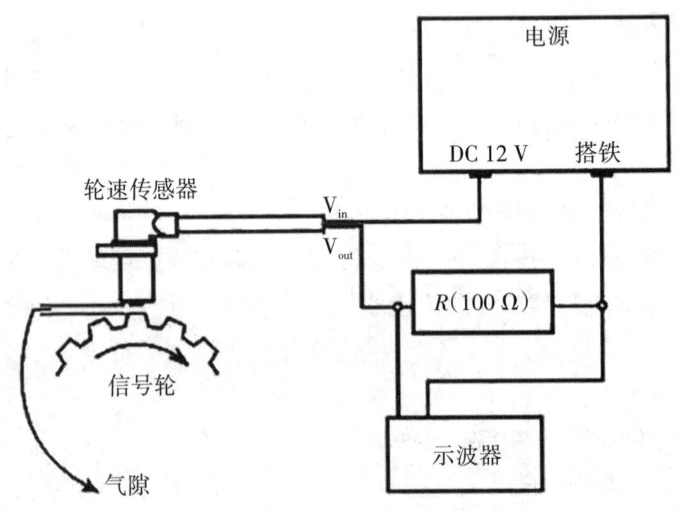

图5-4-8　前轮速传感器输出电压的测量电路

(3)前轮速传感器部件的检查。

拆下前轮速传感器连接器插头，用万用表欧姆挡检查传感器每个端子与车身搭铁之间的导通情况。标准值：1000~1200 Ω。检查阻值不符合标准，应更换传感器。

表5-4-1 ABS轮速传感器主要参数

部件名称	项目	标准值		备注
主动轮速传感器	电源电压	直流4.5~12 V		
	低输出电压	0.59~0.84 V		
	高输出电压	1.18~1.68 V		
	输出范围	1~2500 Hz		
	信号轮	47个齿		
	气隙	前	0.4~1.2 mm	
		后	0.4~1.0 mm	

(4)波形比较。

利用专用故障诊断仪，将轮速传感器输出电压波形与标准正常输出电压波形相比较分析。其标准正常输出波形，如图5-4-9所示。

规定值：低电位0.59~0.84 V；高电位1.18~1.68 V；频率范围1~2500 Hz。

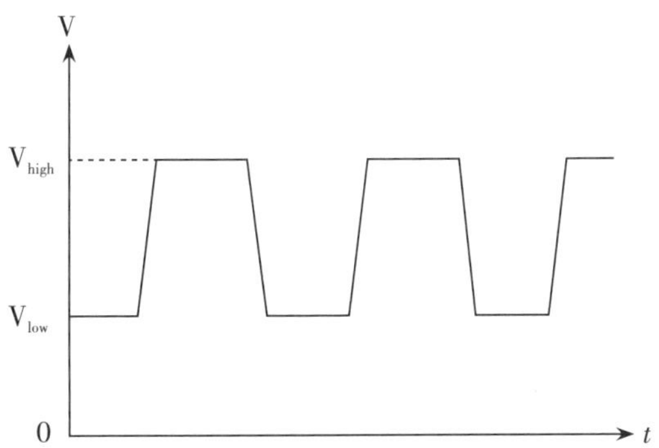

图5-4-9 前轮速传感器标准正常输出电压波形

若轮速传感器经检查不符合技术标准规定，则应更换。

(5)前轮速传感器的安装。

按拆卸时的相反顺序进行新前轮速传感器的安装，如图5-4-10所示。

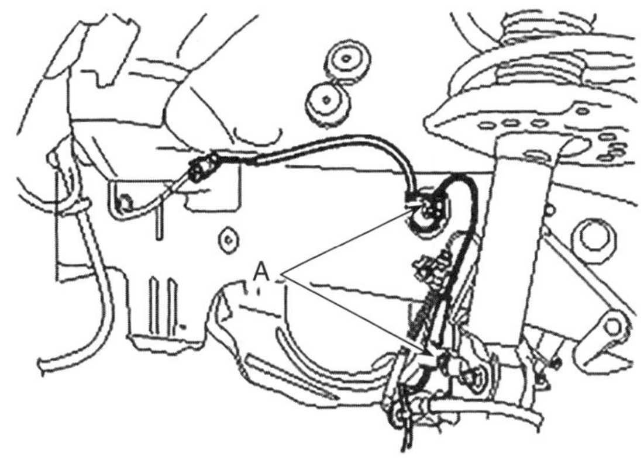

图5-4-10 前轮速传感器的安装

2.后轮速传感器的检查与更换

(1)后轮速传感器的拆卸。

①拆卸后轮。规定拧紧力矩:88.3~107.9 N·m。

②拧下后轮速传感器固定螺栓A,如图5-4-11所示。规定拧紧力矩:7.8~9.8 N·m。

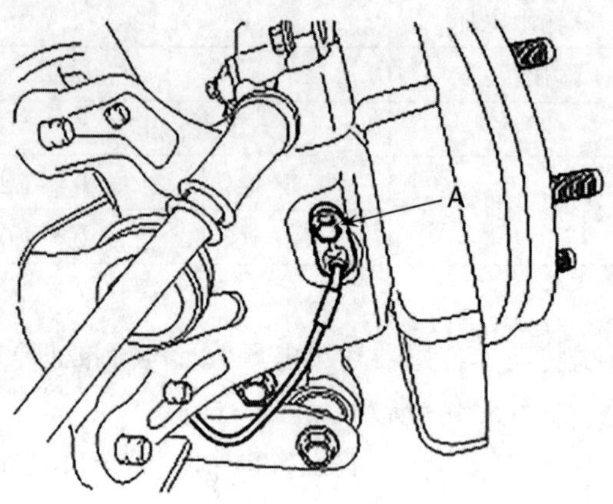

图5-4-11　拆卸后轮速传感器

③拆卸后轮座椅。

④分离后轮速传感器的连接器,拆卸后轮速传感器。

(2)后轮速传感器的检查。

①测量后轮速传感器的连接器端子与车身搭铁之间的输出电压。测量电路图与图5-4-8同。

②后轮速传感器部件的检查。

拆下后轮速传感器连接器插头,用万用表欧姆挡检查传感器每个端子与车身搭铁之间的导通情况。标准值:1000~1200 Ω。若阻值不符合标准,应更换传感器。

③波形比较。

利用汽车专用故障诊断仪,将轮速传感器输出电压波形与标准正常输出电压波形相比较分析。其标准正常输出波形同图5-4-9一致。

规定值:低电位0.59~0.84 V;高电位1.18~1.68 V;频率范围1~2500 Hz。

若轮速传感器经检查不符合技术标准规定,则应更换。

(3)后轮速传感器的安装。

按拆卸时的相反顺序进行新后轮速传感器的安装。

【任务实施】

ABS系统传感器检查与更换工作页	
车辆型号:____________________	
ABS系统传感器检查与更换的关键步骤	所需工具

【任务反馈】

一、小组自查

组员姓名：　　　　　　　　　　　　　　　　　　　　在相应选项打“√”

序号	学习目标	能	不能	什么原因
1	能叙述ABS警告灯常亮的故障原因			
2	能够正确、规范地对车轮速度传感器进行拆装			
3	能够用万用表检查车轮速度传感器是否正常			

二、教师总体评价

1.对该小组同学们的整体评价。(　　)

A.组内学习气氛很好，组长负责。

B.组长能组织组员按要求完成学习任务，________组员能达到学习目标。

C.组内有40%以上的学员不能达到学习目标。

D.组内大部分学员不能达到学习目标。

2.对该组内同学们的单独评价

____

____

三、课后作业

(一)选择题

1.装有ABS系统的汽车，在干路面或湿路面上制动过程中使车轮滑动率保持在(　　)范围内工作，以获得良好的制动效能。

A.15%~30%　　B.20%~50%　　C.50%~80%　　D.80%~100%

2.一般轿车采用(　　)轮速传感器。

A.电磁式　　B.霍尔式　　C.光电式　　D.高频振荡式

3.以下关于ABS系统说法正确的是(　　)。

A.ABS系统由ABS控制单元、轮速传感器、ECU组成

B.前轮抱死容易出现甩尾现象

C.后轮抱死使车辆失去转向能力

D.ABS不能缩短刹车距离，只是在确保刹车时使车辆依旧具有转向能力

(二)判断题

1. 为了保护轮速传感器,测量输出电压时,要连接使用100 Ω电阻器。 ( )

2. 按拆卸时的相反顺序进行新前轮速传感器的安装。 ( )

3. 用万用表欧姆挡检查传感器每个端子与车身搭铁之间的导通情况。 ( )

4. 液压调节装置和电子控制装置是ABS系统的核心元件,这样的元件一般是比较精密的,不会轻易损坏。 ( )

5. 前轮的规定拧紧力矩为88.3~107.9 N·m。 ( )

参考文献

[1]杜瑞丰,李忠凯.汽车底盘构造与维修[M].第二版.北京:高等教育出版社,2007.

[2]陈刚.汽车底盘基础维修[M].重庆:西南师范大学出版社,2013.

[3]张国富,赵鼎明.汽车底盘构造与维修[M].北京:北京理工大学出版社,2018.

[4]张宝生,邵林波.汽车底盘构造与维修[M].北京:冶金工业出版社,2009.

[5]戴冠军.图解汽车底盘维修大全[M].杭州:浙江科学技术出版社,2000.

[6]初级职业技术教育培训教材编审委员会.汽车维修[M].上海:上海科学技术出版社,1989.

[7]吴明.汽车维修工程[M].第2版.北京:机械工业出版社,2016.

[8]唐宗清.汽车维修手册[M].武汉:湖北科学技术出版社,2006.